脱力★ファンタスティポ系　社会学シリーズ

しょうがいしゃの皆サマの、ステキすぎる毎日

（ルビ：せいしん）

ドクター・ファンタスティポ★
嶋守さやか

新評論

本棚の前で、本書を手に取って下さったすべての読者のみなさん。
なかでも、福祉に興味をもって取り組んで（みようと思って）いる皆サマへ、
心からの愛と、「脱力★ファンタスティポ」な気分を
ピピビビビ、ビ――――――――――――――（ム★）ッ！、
てな具合に発信しちゃいまッすぅ～！

ハロー！
ドクター・ファンタスティポ★嶋守さやか、だよーぉん♪

まずはじめに

この本を本屋で見つけて、たまたま手にとって下さったみなさん。

あなたは、『ファンタスティポ』を知っていますか？

『ファンタスティポ』とは、二〇〇五年の三月から四月にかけて、東京と大阪で公開された藪内省吾監督の映画です。配給会社はJストームなので、ジャニーズファンにはお馴染みかもしれません。この本の著者であるあたしは、映画の公開前にトラジハイジが歌う主題歌『ファンタスティポ』を耳にしてからというもの、今もずっとこのファンタスティポ・ワールドにはまりつづけています。

「わかってもわからなくても、いいと思うよ」

これが、この映画のキャッチフレーズです。そして、この言葉に『ファンタスティポ』のテーマが集約されています。

映画『ファンタスティポ』は、ミネラルウォーター会社を経営する家族のお話(ファンタジー)です。この物語は、「自伝を書くぞ！」と、いきなり退職宣言した父親から会社の経営がその兄弟に任されることからはじまります。この家庭は、早くに母親を亡くしたために不安定な状態となっていました。そうした不安定さのもとに会社経営という責任を急に引き受けざるをえなくなったために、主人公の兄と弟はそれぞれに悩み迷うことになります。

彼らが悩んで迷いつづけて、映画のクライマックスとなるシーンで手にしたそれぞれの答えが、「わかってもわからなくても、いいと思うよ」でした。それは、今、自分がいる現実から逃げず、自分がその場で生きることを「選ぶ」ことを意味しています。断っておきますが、もちろんこれはあたしの解釈です。当然ですが、実際の映画はもっともっと素敵満載です。堂本剛くんや国分太一くんをはじめとするキャストも、そして映像世界もまさに『ファンタスティポ』という感じです。ぜひ、その世界を読者のみなさんにも堪能して欲しいし、ずっと忘れないで欲しいと、あたしは心から願っています。

その悩んで迷った「あの頃」をふりかえったプロセスが、この映画の大筋となっています。あたしは、この「あの頃」をふりかえるプロセスを大切にしたいと考える社会学博士です。[1] 分野としては、ちょっと名前を聞くだけでは頭がクラクラしそうに難しそうに思うかもしれませんが、

(1) 宇都宮みのり・嶋守さやか「精神保健福祉士実習後指導『ふりかえり学習』における実習生の変化と成長——実習生の語りの分析からみえるもの」日本福祉大学社会福祉学会編『福祉研究』第九三号、二〇〇五年、四八〜六二ページを参照のこと。

あたしは「成年後見制度」と「地域福祉権利擁護事業」の利用者の自己決定権について研究をすすめています[2]。この二つの制度の利用者は、認知症高齢者、知的障害者、精神障害者です。こうした方々の生活を金銭面で支援することが、この二つの制度の目的となっています。

お金持ちの人も、そうでない人も、生活するためにはお金を使いますよね。誰でも、生活必需品のほかにも大好きなものを買いたいと思うでしょう？　だけど、自分の意思ではうまくお金の使い方をコントロールできない人たちもいます。その人たちをサポートするのがソーシャルワーカーです。このサポートのことを社会福祉施策の言葉で表現すると、「成年後見制度」と「地域福祉権利擁護事業」と言うのです。

あたしは、この二つの制度とはナンなのか、そして、こんなに難しいサービスの利用を希望する人たちがどうやって利用したいと思うのか、ということにずっと関心をもちつづけてきました。とくに、認知症や精神障害の方たちとのコミュニケーションを日常的にどのようにとったらいいのかを考えてきたわけです。

あたしは、これまで専門学校の非常勤講師と、二つの大学の助手として勤務してきました。その業務は主に、「精神保健福祉士（ＰＳＷ: Psychiatric Social Workerともいいます）」を養成する教育に携わることにありました（難しい言葉ばかりでごめんなさいね。もうちょっとだけ、この説明につきあってください）。ＰＳＷとは、保健医療機関および精神障害者社会復帰施設などに勤務して、利用者の生活支援を行う人のことをいいます。国家資格の名称としては「精神保健福祉士」です。この国家試験受験資格を取得するために、学生さんたちは大学や専門学校などの養成校に所属することになります。所定の科目を履修中、あるいは履修後の六週間、精神病院や他の関係機関および精神障害者社会復帰施設で精神保健福祉士の実習を行うことが国家試験受験資格を得る条件となっています。そして国家試験に合格したあとに、必要な手続きをすませれば、晴れて精神保健福祉士となれるのです。[3]

大学院を修了して初めて赴任することになった前任校で、あたしは学生が精神保健福祉士実習を行う病院・機関・施設と大学との連絡・調整、そして実習指導を行っていました。でも、あたしは社会学者だから実習には行ったことがない。そう、現場を知らなかったのです。そんなあたしであっても、実習助手の業務をするのに何も不自由はありませんでした。なぜなら、現場のＰＳＷや患者さん、福祉サービス利用者の皆さんからの心強いバックアップが気づくといつもあったから。不自由はないのだけれども、ＰＳＷが支援する精神障害の方々の日常はわからない。わからないからどうしても知りたい。その「知りたい」という願望から、「なんだかちょっとわかったかな」というまでのプロセスを、あたしはこの本のなかで追いかけてみたのです。

（２）嶋守さやか「高齢者の権利擁護」西下彰俊・浅野仁・大和三重『社会福祉士・介護福祉士養成テキスト高齢者福祉論――精選された基本の知識と実践への手引き』（川島書店、二〇〇五年）第六章を参照のこと。

（３）詳細は「社団法人　日本精神保健福祉士協会」のホームページhttp://www.japsw.or.jp/を参照のこと。

場所は、沖縄の宮古島。精神保健福祉士として勤務した元教え子からのメールをきっかけにして、あたしは宮古でのPSW実習の研究をはじめてしまいました。そのときのあたしは、そのときにかかったインフルエンザのおかげなのか、ありえないほどのハイテンションでした。そんなときに耳にしたのが、『ファンタスティポ』だったのです。生まれてからというもの、いつも週末や休日には二人で遊んでいる姪のリリナと行った駄菓子屋さんではじめて『ファンタスティポ』を聞いたとき、あたしは超興奮状態におちいりました。おおおーーーっ！　この『ファンタスティポ』って何？　ファンタスティックに、「ポ」が重なってできたこの言葉の、脱力したイイ感じはいったい何？　何?!　何！

それからずっと『ファンタスティポ』を歌いつづけていたあたしは、それが映画の主題歌であることを知りました。そして、そのストーリーを追ううちに、あたしは『ファンタスティポ』に非常に強い共感を覚えるようになったのです。

あたしにも、悩んで迷って苦しんだ時期がありました。自分がわからなくって、何をしてよいのかすらわからなかったのです。あたしは、がむしゃらに仕事をしました。大学の業務だけに忙殺されることがどうしてもイヤで、それまで以上に必死になって研究もつづけてきたのです。

でも、「あの頃」があるから今の自分がある。ずっと、自分がしたいことに正直に向き合ってきたから、あたしはハッピーでいられる。あたしが何であるのかは今になってもやはりさっぱりわからないけれど、そんな「自分と向きあって、そして選ぼうよ、今の日常を」。あたしは学生たちにもそう伝えつづけています。『ファンタスティポ』を授業中にも歌いながら、それはそれはハッピーにね。

あたしは、この本のなかでも悩んで迷って、今を選ぶということの大切さをみなさんに伝えたい。できれば映画を観るようにお気楽に。そして、『ファンタスティポ』を歌うように気分よく。しかし、あたしは社会学博士です。その研究上の責任をもって伝えていきたいという思いがあるので、あたしは「ドクター・ファンタスティポ★」を名乗ることにしました。

「もくじ」のあとからは、あたしはドクター・ファンタスティポ★としてみなさんの前に登場します。あたしが日常のなかで宮古でのＰＳＷ実習研究をなぜしたいと思ったのか。ＰＳＷ実習研究をするためにあたしが考えたこと、実際の実習研究でのこと、あたし自身の日常生活のなかで起きた出来事、そしてそこで感じたことを大切にていねいに書きました。

もし、この本に興味をもって、読んでもいいかなと思ってくれたみなさん。この本のテーマは、難しく考えずに肩の力を抜いてＰＳＷの支援とは何かを考えることにあります。ＰＳＷは、精神障害者（この本では「メンバーさん」と書きました）のみなさんが「生きるのって、なんかいいよね」と思えるような、生活上の環境を整えることが仕事です。そして、それが「支援」なのです。支援をするなかでＰＳＷが見なければならないのは、病気や障害だけではありません。病気や障害を抱えながら生きていく、メンバーさんたちの生活を見るのです。

日常生活のなかでは、誰もが自分の楽しみを手にしたいと思いますよね？　生活する上での喜びや楽しみを考えるための視点というのは、特別なことではないとあたしは考えています。特別じゃないから、素晴らしいのです。誰でも生きててよかったな、と思いたい。でも、どうしたらそう思えるのかと考えてもちっともわからない。なぜなら、その問いには正解がないからです。

でも、正解となる答えなど「わかってもわからなくても、いい」のでしょう、きっと。ただ、生きているということ。「生きるのって、何かいいかも」と思えること。そのときをいっしょに過ごせる大切な存在が自分のそばにいてくれるということ自体が、とてつもない奇跡だということ。それにいつも気づいていけることがあたしたちのハッピーの力だし、支援の源なんじゃないかと思うのです。

さて、そろそろあたしの話をはじめることにしましょう。道案内は、あたしが責任をもって行いますが、あたしのファンタスティポ・ワールドには、素敵満載の出来事がいっぱいあります。その一つ一つのハッピーを堪能して、みなさんの日常生活のなかにあるハッピーもたくさん見つけてくださいね。

では、あたしは行っちゃうよん。また、「あとがき」で合流しようね★

ドクター・ファンタスティポ★嶋守さやか

もくじ

脱力★ファンタスティポ系　社会学シリーズ

『しょうがいしゃ（せいしん）の皆サマの、ステキすぎる毎日』

ドクター・ファンタスティポ★の、お気楽だしそうでもない毎日

ある朝、ドクター・ファンタスティポ★の目が覚めた。

「ない！」

あるはずの、『ファンタスティポ』のＣＤのケースが見当たらない。ないないないないないない、ない！　探しても、探しても、やっぱりない！　しょうそーかん、で頭はいっぱい。焦燥感焦焦焦焦燥感焦焦燥感躁感焦焦燥燥焦燥躁鬱鬱鬱焦燥躁躁焦燥焦焦躁感焦躁感……？　……やべぇ！　あと三分二七秒から一三秒秒、あーまちがえた！　あと二分二三秒ぐらいで車に乗り込まないと、本当に大学に間にあわん！　『ファンタスティポ』のない朝の国道153なんて、家から大学のある豊田のナナマガリをわざわざ退屈で繋ぐようなもんじゃな～ぁい。退屈嫌いのドクター・ファンタスティポ★がよ（桃井かおり風）。ファンタスティポなしで過ごせるわけないじゃあな～ぁい!!!

アーーーーーーーーーーーーーーーーン!!!　やっぱり、ないよぉ！　中身はどこだぁ？　あ！　ＣＤプレイヤーのなかだ、当たり前か。夕べ、原稿をオヤジに読んでもらったんだった。あまりに退屈で死にそうな顔してたから。数年前にのーこーそくで倒れてから、どーも覇気がないんだ

よねー、あたしの父上サマは。なのに、原稿読んで「いいねー」なんて久しぶりに笑ったのだー★！　最後に笑顔を見たのなんて、思い出せないくらいなのに。やったー、ヤッター、ヤッターマーーーン！　しかし、遠慮がちではあるものの大胆にも、彼はあたしにこう言った。

「『ファンタスティポ』って、ナンでスか？」

　えーーっ！　知らないの？　家であたしが一日中、こんなにＣＤかけまくってるのに。しかたがない。わからなければ聞くのが一番★　踊りましょうよ、ごいっしょに。あたしは嬉しくなっちゃって、『ファンタスティポ』のダビングテープを父のためにつくってやることにした。我が家の壊れかけのＣＤラジカセで。ＣＤラジカセは母のベッドのとこだから、そこかなぁ？　ベッド脇に手を入れたら……あった★⁉

　と思ったら、「ふたりはプリキュア（テレビ朝日放映のアニメ）」の着せかえシールの空箱じゃーん。あー、姪のリリナのだぁ。先週末もあたしの妹と抱きあって母のベッドで寝てたから、きっと置き忘れていったのね。リリ（あたしの家族は彼女のことをこう呼んでいる）は、あたしのことを「あか」と呼ぶ。生まれて、立ち上がって、歩いたなぁと思って気づいたら、彼女はあたしをそう呼んでいた。母が「さやか」とあたしを呼ぶので、その末尾の音だけを耳でとらえて覚えたらしい。そんなリリが、ある日、不思議を見つけて当惑しきっていた。そんで、あたしにこう聞いてきた。

「ねぇ。どうして、あかはあかなの？」

へ？　あたしを「あか」なんて呼んだのは、お前が生まれてくる前には一人もいなかったんだッてばよぉ★★★。今週末も、あかにちゅーしてくれるかなぁ？　大好きなリリのきょうれちゅ・キッスの感触を思い出したら、何だか気持ちが落ち着いて、ＣＤケースはどうでもよくなった。毎朝、出かける前には探し物が見つからなかったりで、つまらないことにもイライラしてるけど、リリを思い出すだけであたしは毎日、何だかハッピーな気分になる。ま、いっか。ＣＤそのものはあるんだしね。さて、ファ～ンタ～スティ～ポ～♪　大学まで、それ行けレッツゴーヤング！

ここまで書いたら目の奥が痛くなった。このシリーズを書こうという構想を得るに至ったのは、二〇〇五年三月に引いた風邪がきっかけだった。その風邪をひいたおかげで、どん底の鬱状態から、あり得ないほどのハイテンションな躁状態への大疾走を初体験した。まぁ、そのおかげでこの本をがんがん書けるわけだけど！　でも、少し頑張りすぎると目の奥の筋あたりがなぁんか痛くなっちゃうんだよねぇ。

その素晴らしい風邪の正体は、どうやらＢ型のインフルエンザだったらしい。それに気づいたのは、元教え子の精神保健福祉士（ＰＳＷ）がくれた一通のメールがきっかけだった。そしてこのたった一通のメールから、本書で繰り広げられるあたしの宮古島でのＰＳＷ実習研究がはじまった。今思い返しても、何だか信じられないんだけど！

風邪をひいたことも、大好きな教え子からのメールも、あたしにとってはただの日常。そこからこんなに素敵満載、ファンタスティポな経験に結びつくんだから世の中も捨てたもんじゃないよねぇ★！

彼女の名前は山城早紀。あたしは、「サキちゃん」と彼女を呼んでいる。あたしの自信満々、一番大切な教え子の一人だ。現在は沖縄県の宮古島にある、地域生活支援センター「ひらら」に勤務している。ここが、あたしとセンターのスタッフ、そしてセンターを利用する精神障害者（メンバーさん）が出会い、日々を分かち合う舞台となった。

さて、そのサキちゃんがまだ大学生で、あたしのただの教え子だった時、彼女はいっつーーーーーーーーーーーーーーーーーーーーーーーーーーーーーーーーーーーーーーーも、ドクター・ファンタスティポ★研究室にいた。

「せ～んせ～ぇ、遊びに来たよぉ。じゃ、まったね～」

これだけを言うために、よく彼女は研究室にやって来た。「こやつ、何者じゃぁ！　どこの出身だぁ?」と思ったら、沖縄の久米島の出身だった。なるほど納得。彼女の全身から漂ってくるの～んびりした空気は、そこから出てたんだねぇ。

そんな彼女の卒業間近に開かれた学科会議において、ＰＳＷ養成教育の総代が選ばれた。真っ先に彼女の名前がある先生の口から出た瞬間、あたしはびっくりして目ん玉を落としそうになった。えーーーーーっ！　そんなにできる子だったのぉ？　だって、彼女が「せんせぇ、見てくれる？」と持ってきた履歴書がすごかった。すでにそのときは彼女の沖縄時間に慣れていたから、ちょっとだけしか驚けなかったのが今思えば残念だけれど。彼女の長所についてはたった一文、こう記されていた。

「私の特技は、笑顔です」

ハァ？　ユー、ねぇ、それだけ？！　特技が笑顔だけって、一体どういうことよ？　そう自信満々に書けちゃう、あなたは何なのよ〜〜〜ぉ？　でも面白かったので、二人でさんざん悩んだ結果、そのままで提出することにした。

その後、彼女の就職先はあっけなく決まった。今も彼女が勤務している精神障害者地域生活支援センター「ひらら」にである。そこの、たった一人のＰＳＷとして。それも国家試験の結果が出る前に。へ〜ぇ、サキちゃんやるじゃない★！

そのサキちゃんから、卒業して一一か月半ぶりのメールが届いた。開けてみると、ひなまつりの人形の写真が出てきた。多分、それは折り紙かなんかでできていた。なんで、「多分」かって言うと、添付された写真のピントがボケボケで、ひなまつりの人形らしいってことしかわからなかったから。あははは、サキちゃんらしいねぇ。その年にかかっていたインフルエンザによるハイテンションそのままに、あたしはその「人形を売ってくれ〜！」と彼女に頼むことにして、彼女のメールの返信をした。すると、彼女はすぐに電話をかけてきた。

「せ〜んせ〜ぇ、あのねぇ〜。インフルエンザになったときぃ、一時的に精神症状が出ることがあるってぇ～、国試の勉強会で習ったよぉ～。なぁ～んか～ぁ、せんせぇ、躁状態のメンバーさんからの電話相談みた～ぁい」

その瞬間、あたしの頭のなかで何かが閃光を放って炸裂し、ハッピー満載、魔法の呪文がコダマした。

ダッツリョ～ク、ファンタスティ

ポ★

ひらめいた。そうだ。彼女のところに、ＰＳＷ実習研究に行こう。彼女のところで実習がしたい！　実習指導者は、絶対サキちゃんがいい！　それ以外はぜったいありえなぁ～い♪　もう、頭ん中はDr.コトーの診療所の世界。[1] あたしの意識は身体から電話の向こうのオキナワの風の中へと幽体離脱していた。「あー、サキちゃんとオキナワの離島で、ず～～～～～～～～っと過ごしたい。とりあえず、社会

サキちゃん手製のひな人形。現物は、やはり折り紙でできていたのでした。

福祉士の実習期間である四週間。[2]そしたら、どんなにいいだろなぁ」などと、あたしはサキちゃんに言ってみた。

あたしのハイテンションぶりにあきれながらも、彼女はあたしにこう問いかけた。

「でも、せんせぇ、実習で何がしたいの？」

語尾をのばしてしゃべる、学生時代のサキちゃんの口調とはまったく別の冷静な問いかけが、すでに実習指導者の口ぶりになっている。あたしは少し考えて、サキちゃんにこう答えた。

「あ〜、そうか〜〜ぁ。そうだよね〜〜ぇ……。そうだ！　沖縄で精神障害を抱えて過ごしてる、メンバーさんたちの生活が知りたいなぁ」

ひとしきり二人でしゃべったあと、あたしは電話の向こうの実習指導者にこう尋ねた。

「ね〜ぇ、島の祭りはいつ〜？　ぐわんぐあん島をあげて、ファンタスティポ状態になってる時のメンバーさんの様子が知りたいなぁ」

あたしの言葉に、彼女の声が一瞬にして沈んでしまった。

「う〜ん。みんな沈んでるよぉ」

「え〜〜〜！　どお〜ぉしてぇ〜？」

（1）　山田貴敏『Dr.コトー診療所』小学館。二〇〇六年五月時点で、単行本は一〜一九巻まで大好評発売中。
（2）　こののち、研究内容の検討をした結果、あたしはナゴヤ市内の精神病院（第2章を参照のこと）での二週間の実習研究も合わせて計六週間、つまり精神保健福祉士の実習期間分の実習研究を行った。

「島をあげてのお祭りだから、みんなの居場所が町から消えちゃうんだよ」

「あ～、そうかぁ。じゃ、メンバーさんが元気な時っていつなのぉ～？」

「う～ん、病院の運動会は盛り上がったかなぁ」

よし！　じゃ、メンバーさんが元気なときと、そうじゃないときと、なんにもない普通のときを見に行こう。そう伝えると、電話の向こうのサキちゃんにもあたしのPSW実習研究計画についての名案が舞い降りた。

「あ～、せんせぇ。あたしが大学の時の実習指導者が石垣島の施設にいるんだよぉ。いっしょにその人に会いに行こうよぉ！」

その瞬間、あたしはサキちゃんと二人で島の自転車に乗っていた。お気に入りのスニーカーのかかとをつぶして、コトー先生の往診のときのように両足をいっぱいに広げて坂道を下っていた。あぁ、そうだ。そのときは、ヒヤケに気をつけなくちゃ。もうわたしも、ちょうどよすぎるおトシゴロ。どこの化粧品会社のサンスクリーンが日焼け予防には一番効果的なんだろ？　調べなくちゃぁ、ねぇ？　ま、いっか★

そんなこんなで沖縄へPSW実習研究に行くことになった。その実習研究の模様が、この本の内容である。だって、あたしったら、脱力★ファンタスティポ系社会学者だもんね。社会調査だぁ！　どうしよぉ～ん、夢みた～ぁい★★★！　早く、メンバーさんに会いたいなぁ。あたしに、こころと生活に寄りそうような生活支援が「わかる」のかなぁ？

では、出発！　沖縄のしょうがいしゃ（せいしん）の皆サマの、ステキすぎる毎日へ!!

じゃ、アディオ〜ッス★★★(3)

飛行機の窓から、宮古島を撮影

(3)　トラジハイジ『ファンタスティポ』（ジャニーズエンタテイメント、二〇〇五年）。CDの最初に収録されている『オシャベリ』の最後で、トラジが「このユニットは永遠に不滅です。では、アディオ〜ッス」と締めくくっている。

ねぇ。

どうして、実習に行くの?

第1章

さんぴん茶茶茶、ウ★チナー
——PSW事前実習研究調査の巻——

1 舞台暗転——沖縄上陸、前夜

サキちゃんとの電話のあとのハイテンション。そのまま、あたしは沖縄になだれ込むつもりだった。今までに一度も経験したことのない快感に酔いしれ、気分は最高潮に昇天していた。初めての沖縄！　ずっと知りたかった、精神保健福祉士の世界！　そこで、四週間も大好きな教え子と過ごせるなんて！

気合いは十分すぎた。まるで、初めてのソロコンサートを行うＫｉｎＫｉ Ｋｉｄｓの堂本光チャンのように。オープニングでピンキーレッドの衣装を身にまとい、ワイヤーで舞台に降り立った彼は王子そのものだった。王子は、すべてのファンを鬱屈した日常から救い出してくれそうな勢いだった。そんなピンキーレッドの王子さながらに、あたしも沖縄に降り立つつもりだった。

しかし、そんなあたしを現実に一瞬で引き戻したのは、いっしょに研究をしている柿本昭人氏の一言だった。ウカレ切ったあたしに、彼はかなり立腹しながらこう言った。

「何で、沖縄なの？　君がやろうとしていることは、何なの？　沖縄のこと、ちょっとはわかってるの？」

頭のなかで鳴り響いていた『ファンタスティポ』が急に聞こえなくなった。その瞬間、あたしの思考が静寂を取り戻した。頭のなかで、カッキー師（彼は大学時代からの私の恩師なので、単なる氏ではない）[1]の言葉が何度も繰り返される。傷ついたレコードが、その傷を越えられずに同じ場所の音を拾うように。

そうだ。あたし、沖縄のこと、全然知らない。歴史も文化も宗教も。そんなあたしが、いったいぜんたい沖縄に何をしに行くっていうんだろう？

眠れぬ布団のなかで、静かに考えつづけていた。考えつづけるしかできなかった。まず、なぜ沖縄なんだろう？　どうして、東海三県の精神病院や精神保健福祉施設ではダメなんだろう。そんなことを考えながら、前任校で行っていた精神保健福祉士実習の助手時代の業務内容を思い出していた。仕事で出会ったＰＳＷたち、そしてメンバーさんの顔や出会いが夢のなかに浮かんでは消えていった。

（1）　柿本昭人、同志社大学政策学部教授、専攻は社会思想史。近著に『アウシュヴィッツの〈回教徒〉――現代社会とナチズムの反復』（春秋社、二〇〇五年）がある。

「久しぶりだね。今日はどうしたの？」

そのとき、あたしは学生たちを引率して、ある地域生活支援センターでの現場体験実習を行っていた。そこに、久しぶりに顔を合わせたメンバーさんがいた。再会が嬉しくて、あたしはたまらず声をかけた。いつも通りに普通に会って、「また今度話そうね」と言ったその日に、あたしはそのメンバーさんと別れることになった。

「今日は、ミンザイ[2]を取りに来た」

そういったメンバーさんは、その久しぶりの再会のすぐあとに自死したと聞いた。そのときにはじめて、自殺ではなく「自死」と言うのだということをあたしは知った。話を聞くことの大切さ、そして瞳が合うという偶然の重さを知った。そのメンバーさんの瞳を、夢のなかでもう一度ぼんやりと探していた。そのうちに、別のメンバーさんとの関わりのなかで、生きるということ、それぞれにそれぞれの日常があるということを思い出した。

「しまちゃん、久しぶりだね。どうしてしばらく来なかったの？」

しばらくぶりで行ったボランティアで、今度はメンバーさんから声をかけられた。そのときも、インフルエンザにやられたあとだった。「だから、ボランティアに来れなかったの」とあたしは言った。すると、そのメンバーさんは十数年前にかかったインフルエンザのときの様子について語りはじめた。

メンバーさんの言葉にたいして、「大変だったでしょう？」と、そのときのあたしにとっては、ありきたりで当然すぎる言葉を口にした。タイミングが合うからという単純な理由だけで、まるで合いの手を入れるかのように。すると、そのメンバーさんはあたしにこう言った。

「大丈夫だよ、だってすぐそばに医者がいたんだから」

その言葉を聞いて、私はその言葉の意味がわからずにメンバーさんの顔を見た。そのとき、メンバーさんと瞳があった。自死したというメンバーさんの瞳がその瞳に重なった。ただ目があうのではなく、経験を語るときの瞳をあたしははじめて理解した。

「三七年間、精神病院に入院していたんだよ。だけど、ある日突然、医者に退院していいと言われてここの援護寮(3)に来て、今はアパートで一人で暮らしているんだ」

メンバーさんの全員の名前を覚えることだけに必死になっていたあたしは、その言葉に絶句した。隣でいっしょにタバコをふかす心優しきメンバーさんは、あたしが生きてきた時間よりも長く病院にいた。それをなぜ、あたしに教えてくれたんだろう？　あたしは言葉をかけるかわりに、瞳を見つめ返した。するとそのメンバーさんは、瞳があったことを喜ぶようにゆっくりと頬を緩ませた。そして、自分が過ごす日常の楽しみを話しはじめた。

---

(2)　睡眠薬のこと。このときまで、あたしは「ミンザイ」という言葉を知らなかった。そして、このメンバーさんがなぜミンザイを病院に取りに来たのかを考えることもできなかった。メンバーさんの言葉と行動の意味がこのときに分かっていたら、あたしは何をしたのだろうか？　これは、あたしが生きている間、ずっと考えつづける問題だと思っている。

Column　障害年金の基本的な仕組み

障害年金（制度発足は1961年、精神障害は1964年から対象）の種類としては、以下の三つがある。

★障害基礎年金：国民年金加入者，障害程度は１級と２級

★障害厚生年金：厚生年金保険加入者，障害程度は１～３級

★障害共済年金：共済年金加入者，障害程度は１～３級

障害年金を受給するには、①納付要件（初診日までに納める保険料の条件。20歳前に初診日がある場合はこの条件は求められない）と②障害状態要件（障害認定日において障害認定基準に該当する障害の程度があるか）を満たすことが求められるが、精神障害者の認定は厳しく、無年金者を多数発生させている（詳細は、精神保健福祉士養成セミナー編『精神保健福祉論』などを必ず参照のこと）。

Column　通院医療費公費負担制度

旧精神保健および精神障害者の福祉に関する法律第32条に規定されていた国、都道府県および指定都市が「病院又は診療所へ入院しないで行われる精神障害の医療を受ける場合において、その医療に必要な費用の100分の95に相当する額を負担することができる」制度のこと。障害者自立支援法の施行に伴って第32条は削除され、2006年４月１日から自立支援医療が実施された。精神障害をもち、継続的に入院によらない精神医療（通院医療）を受ける者が公費によって医療費の補助を受けられる制度で、原則として医療費の１割が自己負担となるが、同一医療保険に加入している家族や本人の所得の状況に応じて自己負担額の上限が設けられている。有効期限も従来の２年から１年となった。

「ほら、しまちゃん、見て。これ、こないだ一〇〇円ショップで買ったんだよ」

メンバーさんのパンタロンのポケットから一番の宝物が取り出された。あたしは、またさらに驚いた。それは、どこにでもあるキーホルダーだった。そのメンバーさんの楽しみは、自転車で四〇分以上はかかる町のドトールでコーヒーを飲み、その帰りに寄る一〇〇円均一ショップでのショッピングなのだった。

障害年金と通院医療費公費負担制度などで暮らすメンバーさんたちの日常生活では、一八〇円のコーヒーと一〇〇円ショッピングはかなりの贅沢なのかもしれないし、そうでないのかもしれない。そんなメンバーさんの瞳を思いながら、あたしはなぜ沖縄に行くんだろうと考えていた。

――あたしの一番の楽しみって何だろう？

すると、夢のなかでＫｉｎＫｉ Ｋｉｄｓのコンサートがはじまった。そして、『ＳＨＯＣＫ』[4]

（3）一九八七年制定の精神保健法で社会復帰施設の一つとして制度化されたもので、法的には「精神障害者生活訓練施設」と呼ばれる（精神保健及び精神障害者福祉に関する法律第五〇条の二第一号）。「精神障害のため家庭において日常生活を営むのに支障がある精神障害者が日常生活に適応することができるように、低額な料金で、居室その他の設備を利用させ、必要な訓練及び指導を行うことにより、その者の社会復帰の促進を図ることを目的とする施設」である。

の王子が何度も空を舞った。そういえば、厄年のクリスマスにあたしは胃潰瘍になった。ケーキの代わりに胃カメラを飲んだあたしは、高熱をおしてドームと帝国劇場をツアーしたんだった。ステージの上の二人は胃の痛みも忘れさせ、日常で鬱屈しきったあたしを救ってくれた。それからというもの、あたしは毎年必ずかかるインフルエンザと闘いながら、名古屋→大阪→東京へとコンサートや舞台を観に行ってるんだった。そのために、毎年頑張って働いて日常を生き抜いているんだった。

そう考えたとき、ＰＳＷ実習研究を東海三県でしてみても駄目だと思えてきた。あたしは、メンバーさんが行くというドトールを知っている。おそらく、その一〇〇円ショップも、場所を聞けば自由に行けるだろう。しかし、そこで得られる喜びは、残念ながらあたしの日常のなかではちっちゃすぎる。どうしても、メンバーさんの日常の喜びを自分の経験と比較してしまうからだ。自分と相手との比較を、あたしはどうしても無意識にしてしまう。そんななかで、

「ドトールコーヒーと一〇〇円ショッピング、楽しいですよね？」

なんて、メンバーさんに言える？　そんな見え透いた嘘を、あたしはつけるの？

それに、東海三県であればメンバーさんの日常はあたしの日常と地つづきだ。家に帰って、母がつくる夕飯を食べて、お気に入りのベッドで眠れば、すぐに実習で得た経験はあたしの日常のなかにリセットされてしまう。それは、本当にたやすいことだ。どんなに面倒くさくて、つらいと感じる毎日であっても、あたしは母が毎朝欠かさずいれてくれるお茶を一口飲み、母と言葉を

交わすだけで気持ちが救われてしまうのだから。

そんななかで、あたしはきっと実習のなかで出会ったメンバーさんの日常を自分の日常に置き換えてしまうだろう。単純に置き換えたり、比較してみることで、メンバーさんが生きている日常がわかるのだろうか。その楽しみを、メンバーさんが手にしつづけられるようにするような「生活支援」につなげて考えられるのだろうか。結局は実習期間の間、家と実習先をただ往復するだけになってしまうのではないのだろうか？

だったら、その日常について、まったく最初から想像がつかない場所に行けばいい。気分のリセットがたやすくできない、実家から遠く離れた場所に行ったきりになればいい。そこで起きる日常をあたしは知らないし、またわからないのだから相手の話をしっかり聴けばいい。そこからメンバーさんが置かれている状況を理解できるように、もう一歩を踏み出せばいい。それらのことに誠実に取り組むために全力を尽くせばいい。それが可能な場所が、今のあたしにとっては沖縄なんだ。だから、沖縄じゃなければ駄目なんだ！

そんな答えを見つけた次の朝、あたしはカッキー師に議論を挑みに出かけた。そして、考え抜いたことをあたしが全部語る前から彼は微笑んでこう言った。

「沖縄、行ってくれば？　大丈夫とちゃう、今の君やったら」

（4）　筆者が観たのは、堂本光一主演、ショー・劇『Shocking SHOCK』二〇〇四年、帝国劇場。

2 秋山教授登場――実習指導担当教員、決定★

カッキー師の最上級の励まし（？）の言葉に背中を押されて、あたしは次なる問いの答えを探すための闘いに挑んでいた。カッキー師の「何で沖縄なの？」の続きにあった言葉は、さながらリングに響き渡るゴングのようだった。

「君がやろうとしていることは、何なの？　沖縄のこと、ちょっとはわかってるの？」

あたしがやろうとしているのはＰＳＷの実習研究。あたしは、そこでのメンバーさんとの出会いを研究の対象にしようとしてるんだよね。……ウーーン。実習だったら、実習先の病院や施設の実習指導者のほかに所属大学の実習担当教員がいるのよねぇ、などと自分が前任校でしていた実習指導を思い出していた。あたしも、そういえばサキちゃんの実習担当教員だったわ。あたしの指導教員には、誰が一番よいのかしらん？

そのとき、『ファンタスティポ』を大音響で流していた大学の研究室に秋山博之教授(5)が入ってきた。おー！　先生。ハッとしてグー★すぎるタイミング！　秋山先生は、日本全国の少年鑑別所の法務技官を歴任されており、今も、犯罪心理学を桜花のカワイイ学生たちに教授していらっしゃる。秋山先生が指導する大学院生は、学校心理士の実習に行っているという話も聞いている。もしかすると、ＰＳＷの実習指導はお手のものかもしれない。あたしは、秋山先生にお願いをしてみることにした。

「秋山先生、是非是非、あたしのＰＳＷ実習研究の指導教官になってくれませんかぁ？」

たまたま、あたしとタバコを吸いに来ただけの秋山教授はびっくりして、脳天気すぎるあたしを見つめ返して、こう聞いた。

「君、沖縄行くの？　どこ？」

「宮古島ですぅ〜。教え子が宮古の精神障害者地域生活支援センターでＰＳＷをやってるんですぅ〜。こないだ、彼女との電話でＰＳＷ実習研究をすることに、突然決めたんですぅ。だから、あたしの実習指導教員が必要なんですぅ」

あたしは機関銃のように秋山教授にしゃべりつづけ、ＰＳＷ実習研究の計画書を見せた。すると秋山教授はこう言った。

「じゃ、オトーリに気をつけなさい」

「は？　オトーリ？　何ですか、それ？」

「オトーリ、知らないの？」

秋山教授は勝ち誇ったように、そして嬉しそうな笑顔でもったいぶってみせた。大学の諸事情で消耗しきった秋山教授の心からの笑顔を久しぶりにあたしは見た。あたしはとっても嬉しくな

(５)　桜花学園大学人文学部人間関係学科教授。二〇〇六年より、本学の非常勤教員となられた。

って、声をわざと大きくして質問した。

「えーーっ！　先生。早く早く、オトーリが何か教えて下さいよぉ！」

「オトーリってのは、宮古独特のお酒の飲み方だよ。あれで昔、えっらい目に遭ったんだから」

秋山教授が那覇の少年鑑別所に勤務していたころ、宮古島で歓迎会が催された。そのとき、初めてのオトーリを経験されたそうだ。オトーリでは、まずゲームの鬼のように、オトーリ鬼が泡盛を注ぎ交わすための口上（こうじょう）を述べる。そのあと、鬼はオトーリ集団に泡盛を注いで回る。注がれた泡盛は必ず飲み干さなければならない。全員が飲み終わったところで、次の鬼が指名される。バトンタッチした鬼は自分の口上を述べ、また全員に泡盛を注いで回る。これを、全員がオトーリ鬼をするまで繰り返すというのがルールである。島の外、とくに本土の人間（ヤマトンチュ）には、水で薄めた泡盛がすすめられるそうだが、そのときはすでに、秋山教授は島の人間（ウチナンチュ）と見なされていた。だからなのか、違うのか、ほとんど原液に近い泡盛を二〇人近いオトーリ集団で飲み干すことになったらしい。結果は、……想像の通りだ。

宮古での経験を思い出したのか、先生の眼はあたしには想像もつかない遠くの景色を見つめていた。

「で、僕は、何を君にすればいいの？」

あたしは、自分がこれから体験する出会いやかかわりを、客観的に、できれば専門的かつ実践的な視点で見つめ直すためのサポートが欲しい、と先生に告げた。快諾してくれた先生に、さらにもう一つお願いをしてみることにした。

「先生。先生のお力で、沖縄の少年鑑別所を見学させてもらえませんか？」

精神病院などの治療機関や社会復帰施設のほかにある、社会資源の見学をしたいのだ。できれば、現場職員の説明や思いを聞きたい。もちろん、精神障害者の置かれている現状についての理解をさらに深めるためにである。

あたしは、そうした理由を必死に秋山教授に告げた。すると、秋山教授は無言でその場を立ち去り、その直後、あたしを電話の前に座らせた。そのとき、秋山教授は確実に少年鑑別所の職員になっていた。

「すぐに、那覇少年鑑別所(6)の所長に電話をしてあげるから。行きたい日を先方に言いなさい」

その電話の前に、秋山元法務技官に対してあたしは一つ尋ねたいことがあった。サキちゃんのことだ。ひなまつりの人形の写真をメールであたしに突然送りつけてきた、いまやあたしの実習指導者となった彼女のメールの文面を思い出していた。

「いいねぇ。せんせぇは。好きなことをトコトン追求できる仕事で。あたしも、社会病理学を大学院に勉強しに行きたいんだよ」

(6)　沖縄県那覇市西三の一四の二〇。ご多忙中、所内見学や説明に貴重なお時間を割いていただいた那覇少年鑑別所の栄博所長に心からの感謝の意を表したい。本当に、ありがとうございました。

その言葉を目にしたとき、「なんてとんでもないことを口にするんだ」と、あたしはサキちゃんに心の底から腹を立てていた。社会病理学を専攻したいのなら、今の職場が最高のフィールドのはずだ。それを、自分から放棄してどうする？　精神保健福祉士になったことも自分で選んだはずだ。選んだ人生から、たった一年で逃げるというの？　国家資格は、何のために取ったの？　国家資格を取るだけで、一生安泰な生活がパッケージされているとでも思っていたの？　国家資格は、その業務を生業（なりわい）とするための出発地点。そこからスタートして、あなたは何を自分の仕事としてきたの？　仕事は誰かのためにするものではない。自分がしたいことをとことんやりつづける喜びは、自分で手にするものなのよ。

あなたは、何をしたいというの？

今、自分が全力を尽くすべき場所を捨ててできるあなたの研究って何よ？　研究なんて、自分がとことんやり抜いたときに出会った、一生自分で問いつづけられる問いを手にしてからはじめても決して遅くはない。大学院は、自分で得た学びを整理するための場所だ。研究は、それをやり遂げることを望んで、それをする状況が許してくれるのならいつからでもできるんだよ。そして、一生、つづけていくものなのよ。だから、今、ただ面白そうだからなどということが現実を捨てる理由には決してならないんだよ。

あなたが自分で選んだのよ、今の日常を！

しかし、腹が立った以上に気がかりだったのは彼女自身のことだった。ひな祭りの写真以来、毎日のように送られてくるメールの文面を見るかぎり、泣き言は一つもない。いつも通りのサキちゃんだった。なのに泣いている。あたしの研究室に好んで出入りする学生に、自分だけの理由ですべてを放棄するヘナチョコはいない（はず）。燃える前から、勝手にバーンアウトするはずもない。にもかかわらず、あたしにメールを送って寄こすのには何か理由が必ずある。語られていなくても、きっと必ずそれはある。

彼女を救える技術など、あたしは残念ながらもち合わせてはいない。サキちゃんを救える王子様になりたいけど、それはムリなんだから仕方がない。ましてや、サキちゃんは現役の精神保健福祉士だ。大学教員だからというそれだけでの理由でスーパーヴィジョン[7]を行おうとする失礼さもあたしはもっていない。もちろん、社会福祉学を修了していないという実質的な問題もある。

（7）「スーパーバイザーと呼ばれる豊富な経験と知識を有する専門家がスーパーバイジーと呼ばれる実際の援助を行っているスタッフに対して、職業的倫理や自己覚知（筆者註：自分の思考パターンや価値観などをふりかえること）を促し、精神的に支え、より専門性を高めるための指導、訓練」のこと（精神保健福祉士養成講座編集委員会『精神保健福祉援助技術総論』中央法規出版、二〇〇三年）。

とはいえ、そんなことで卑屈になるつもりもないけど。

しかし、あたしには泣くのを必死にこらえて頑張る教え子たちの髪を抱きしめられるくらいの両手はある。いっしょに、それぞれの夢に向かって歩いていくための両足もある。一度巣立っていったのだから、呼び戻すつもりはない。だけど、背中を押して欲しいというのなら、少しの間だけそばにいることはできる。それに、話も聴ける。たった一人の教え子の涙につきあえないで、ドクター・ファンタスティポ★、あんた一体どうすんのよ？　彼女の居場所、宮古島に行かなくちゃ。彼女に潰れてもらっちゃ困る。それは、どうしても！、だ。

あたしは、社会福祉を研究しつづける社会学者だ。自分が興味をもってやまない研究のフィールドがそこにあるのなら、そこに行って調査をする。だから、あたしは研究のためにそこに行く。そして、そこに教え子がいるだけだ。幸い、研究をするための時間と研究費は確保できる。そりゃ、あたし自身のお小遣いは全部なくなっちゃうけど。研究時間とその費用があるということがあたしの日常だ。だったら、今、それを使わなくっちゃ。

あたしは、秋山教授に五分間の猶予をもらうことにした。サキちゃんの意志を確認するためだ。すぐに彼女に連絡を取った。そして、その直後に返事があった。

「えー！　本当？　本当に、少年鑑別所にあたしもいっしょに見学に行っていいの？　ありがとう、先生★！」

彼女の返事を秋山教授に伝え、その後にした那覇少年鑑別所の法務教官との電話によって、見学させていただけることが確定した。ほとんど二つ返事で可能になった見学で、あたしの沖縄上陸が現実となりつつあることに驚くばかりだった。

しかし、この少年鑑別所への訪問が、サキちゃんの意識を確実に変えることになった。彼女は、自分の望みをかなえる勇気をそこで目いっぱい発揮したのだ。そのときのサキちゃんの脱力ファンタスティポ★ハッピーな顔といったら！　……ま、そのときの話は、またいつか、ネ★

3　サキちゃん登場——ナゴヤ駅前の居酒屋、そして宮古空港で

沖縄に訪れる予定を組み込んだ二〇〇五年のゴールデンウィークを目前にして、あたしは早速くじけていた。那覇少年鑑別所の見学を五月九日に設定したため、五月五日に沖縄に上陸するための航空チケットは予約した。しかし、気分は最高潮の鬱(うつ)状態だった。なぜなら、カッキー師に見破られてしまった「沖縄のこと、わかってんの？」という大問題がクリアできていなかったからだ。

まず、とりあえず資料に目を通そう。最初に手にしたのは、サキちゃんが送ってきた地域生活支援センター「ひらら」の月報とユタについての資料だった。先祖崇拝を大切にする宮古でユタの力と存在は絶大だ。「だから、ユタを知らなければメンバーさんの話がわからないよ」、とサキちゃんが気を遣って送ってくれたのだ。まずは月報。サキちゃんを紹介する記事を見つけて喜

んだのもつかの間、次の瞬間挫折していた。……ち、ち、地名が読めない。

もちろん、あたしが住む愛知県にも読めない地名はある。しかし、そこがどんな地域であるのかぐらいの見当はつけられる。ところが、当然のことだけれど、地名が読めないうえに住んでもいない宮古についてはそうもいかない。そもそも、あたしは沖縄の歴史自体を知らなかった。

しかたがない。中学生向けの沖縄の歴史の教科書を読み返そう。すぐさま、古本屋で参考書や沖縄戦についての本をゲットした(8)。ついでに、アメリカの歴史や第二次世界大戦終結までの日本の歴史も読んでおこう。しかし、教科書や参考書、本などの文面だけでは具体的なイメージにつながっていかない。

あたしは、戦争を知らない。

とりあえず、レンタルビデオ屋に直行して、『ひめゆり

Column　ユタと精神医療

ユタは、先祖供養、死者儀礼、家庭内の祭祀などをする沖縄の巫女で、巫医・呪医的役割も果たす。2004年４月26日～28日に全国精神障害者社会復帰施設協会主催「九州・沖縄ブロック研修会」の文化講演「沖縄のシャーマニズムと精神保健福祉」（仲村永徳、玉木病院医師）で報告された精神疾患とユタの関わりについての調査では、「病気のことでユタに行ったことがある」との回答者が被調査者の76.3％であることからもその関わりの深さがうかがえる。

の塔』(9)のビデオを借りてすぐに観た。一連の流れと、壕(ガマ)の様子は見て知ることができた。しかし、やはり「心底わかったわ、ありがとー！」などという確信がもてるわけがなかった。あー、こんなにわからないままで、沖縄に行っても仕方ないんじゃないの？　不安でぺちゃんこになったあたしに、カッキー師はキツーイお叱りとも励ましともつかない一言。

「小中高のツケが回ってるんだから、テストに出るくらいのことは頭に入れろよな」

……おっしゃる通り。思い起こせばあたしの中高生時代。歴史の勉強時間よ、どうぞお願い！

カ〜ム・バァ〜〜ック!!!

サキちゃんは、五月に入る前から毎日のように何度もメールをくれていた。無謀なPSW実習研究を快諾してくれたセンター長との挨拶も電話で済ませた。自己紹介がてらに送った、この原稿の下書きをセンターの職員も目を通してくれているらしい。準備は着々と進んだが、憂鬱は深まるばかり。勉強して知識は増えても、沖縄のことが全然わからない。……ギブアップです、ごめんなさい。一番へナチョコなのは、学生や教え子ではなくきっとあたしです。泣き面なあたし

（8）沖縄の歴史や戦争についての参考文献として筆者が目を通したもののなかで比較的読みやすいものは、新崎盛暉他『沖縄修学旅行（第2版）』高文研、二〇〇二年、同『観光コースでない沖縄（第3版）』高文研、二〇〇〇年、太平洋戦争の研究会『図説　沖縄の戦い』河出書房新社、二〇〇三年、などである。

（9）筆者が観たのは、一九九五年に東宝が制作した『ひめゆりの塔』（神山征二郎監督）で、沢口靖子・後藤久美子らが出演していたビデオである。

の憂鬱な気分を象徴するかのように、五月三日、沖縄は梅雨入りをした。

憂鬱の原因は、ナゴヤ駅前の居酒屋で顔を合わせた教え子との飲み会にあった。それは三月半ば、有給休暇を利用して集まったサキちゃんグループによって催された。一年ぶりに顔を合わせた元教え子たちは、それぞれのキャリアを積んで少し大人びて見えた。これが成長なのね、と感心しながら、気持ちのよいお酒に呑まれていった。

そして、あたしが鬱になったきっかけがやって来た。それはグループの一人が糸満の平和祈念公園[10]に行ったという話をしはじめたときだった。

彼女は、沖縄戦に興味をもっていた。だから、平和祈念公園ばかりではなく、壕のなかに入りたいとサキちゃんに言ったようだ。しかし、そこがどんな場所なのかということを育ってきた環境から理解していたサキちゃんは、頑強にその申し出を断った。そこでの人々の死を思うだけで、足がすくむのだそうだ。しかし、大切な友人が沖縄に興味をもってくれたことに感謝し、サキちゃんとその友人は平和祈念公園に行くことになった。戦争犠牲者の名前が刻まれた碑を前にして、その友人とサキちゃんは立ちつくしていた。興味本位で壕に入りたいと言った友人も、大勢の人の死を前にして、その単純なる勉強意欲を失ったのだそうだ。しんみりと立ちつくす二人。その背後から、女子高校生の集団が声をかけた。

「すみませぇ～ん。海をバックに、写真を撮ってもらえませんかぁ？」

確かに、そこは観光名所だ。海は本当に美しい。しかし、その足で立っている崖は、何人もの人々が戦争のなかで自決した場所なのだ。サキちゃんの友人は渋々シャッターを切った。礼は言ったが、楽しむことに疑いをもたず、笑いながら立ち去った高校生たち。そこで感じた複雑な気持ちを、サキちゃんたちはあたしに話してくれたのだった。

――歴史が教える人の死って何だろう？

その高校生たちだって授業で習ったはずだ。ましてや、修学旅行なら事前学習だってあっただろう。歴史のことが全然頭に入ってないあたしが言うのもセンエツきわまりないけれど。サキちゃんたちと別れたあともずっとあたしはその高校生たちの話を思い返していた。その話を聞いたときにあたし自身が感じた気持ちが忘れられなかった。

教えることで、生徒や学生にいったい何が残るのかな。サキちゃんたちの話をずっと考えつづけていたあたしは、宮古に帰ったサキちゃんに、平和祈念公園での出来事をもう一度電話で尋ねた。すると、サキちゃんは自分のお爺ちゃんのことを語りはじめた。

(10)　沖縄県糸満市字摩文仁六一四の一一。那覇市内のサキちゃんの実家を訪れたとき、あたしも平和祈念公園へとサキちゃんと彼女の友人のまりょーに連れていってもらった。公園奥の断崖に向けて献花し、敷地内に立ち並ぶ平和の礎を見たとき、あたしには刻まれた名前が無念にじっと見つめる方々の目に見えた。あたしは、すべての戦没者の方々のご冥福と恒久平和を心の底から願ってやみません。

「アタシのお爺ちゃんはね、中国大陸での戦争で負傷して義足になったの。アタシが物心ついたときには、脳梗塞(のうこうそく)の後遺症でほとんどしゃべれなかった。だからとても気むずかしくて、ほかの孫たちは寄りつかなかった。でも、アタシはお爺ちゃんが大好きだった。いつも、義足に履いた靴下を脱がせようとお爺ちゃんと遊んでたの、お爺ちゃんはとても嫌がっていたけど。でも、アタシ、お爺ちゃんの義足を叩いたときの、コツコツっていう乾いた音が大好きだったんだ」

それを聞いたとき、サキちゃんには絶対にかなわないと降参した。ひと回り年の離れたこの子が育った日常には、戦争があったのだ。沈黙するあたしに、彼女はこうつづけた。

「沖縄の精神病院の歴史は戦争からはじまったんだよ。今でも、那覇の精神病院には『ア

Column　沖縄の精神医療の歴史

沖縄における現代精神医療は、1945年6月、米軍野戦病院（アメリカ軍政府G-6-54病院において初めて行われた。1946年4月に米軍野戦病院が沖縄民政府に移管され、精神科病床20床が併設されたのが専門病院の始まりである。

1958年になって設立された琉球精神障害者援護協会の運動と影響力によって1960年8月22日、沖縄にも琉球精神衛生法が制定されることになった。琉球精神衛生法の施行後、精神障害者の医療・保護費が公費で行われることになったが、急激に増加した入院希望者に対応しきれないという状況が生じた。そのため、私宅監置、また市町村による公立の監置所も造られることになった（原田正純・下地朋友「沖縄における精神医療の歴史と現状」『社会福祉研究所法』第32号，2004年を参照）。

メリカ兵が攻めて来た！』って錯乱する精神病者がいるらしいよ。先生も、見学してきたら？」

この言葉に、さらにあたしは無条件降伏した。めげそうになるといつも口ずさむ『ファンタスティポ』も、もう歌えなかった。

「ねぇ、サキちゃん。あたし、わからないよ。宮古に行っても、何もわからないよ、きっと」と、泣きそうなあたしにサキちゃんはこう言った。

「大丈夫だよ、せんせぇ。アタシも一回目の実習に行ったあとで、しばらくいろいろと考えてわかったことがたくさんあるんだよ。すぐにわかろうと焦りすぎないほうがいいんだよ。アタシが、せんせぇのサポートをするよ。それに、宮古は外から来る人を迎え入れる気質が島のみんなにあるんだよ。島を誇りに思ってるから。久米島出身のアタシも、この島には外から来たんだよ」

サキちゃんの言葉を聞いても、あたしは行き詰まってしまっていた。行くのが怖い。本当に怖い。怖い怖い、あああああ、怖いのよーーーーっ！

そんな気持ちのまま、あたしは那覇行きの飛行機に乗り込んだ。搭乗口の扉を閉めるときに乗務員が耳にした不審音の点検のために、三〇分以上も出発が遅れていた。そんな機内で、秋山教授があたしに語ってくれた体験談を思い出していた。

それは、秋山教授が那覇の少年鑑別所に赴任してすぐのことだったらしい。沖縄は労働組合の活動が活発で、その日は組合の人々が当時は法務技官であった秋山教授を取り囲んでいた。彼らは、強い勢いでこう追及しはじめた。

「お前は外の人間だ。そんなお前なんかに、われわれの何がわかる？　そんなお前が、沖縄で一体何をしようというのだ？」

秋山教授は、沖縄に来るにあたってこの地についての書物は手当たり次第に読み尽くし、できるかぎりの勉強はしていったので知識は十分にあった。秋山教授は勇気をふり絞って彼らにこう言った。

「私は、ここに来る前にできるかぎりの勉強をしてきました。だから、十分な知識はあるつもりです。でも、私にはここで暮らした経験がない。だから、あなた方の思いを、体験としてはどうしてもわからない。だからこそ、あなた方の話を聞かせてもらえませんか？　私は島の人間ではないし、なれるとも思っていない。しかし、あなた方の思いを心で理解したいと考えているのです」

思いの丈を、秋山教授は島の人間（ウチナンチュ）たちにぶつけてみた。そうしたら、その日から人々の対応が一変した。少しずつ、本音で語り合えるようになったのだ。

任期終了の時期が間近に迫ってきたとき、秋山教授のお子さんが沖縄に会いにきた。そして、久米島に海水浴に出かけたときのことだった。タクシーの運転手が秋山教授とお子さんの顔を見比べて、首をひねったそうだ。

「なんでオヤジはウチナンチュで、息子はヤマトンチュ（本土の人間）なんだ？」

それを聞いて、秋山先生は思わずガッツポーズを取ったんだそうだ。

ウチナンチュ、かぁ。いいなぁ。あたしも、ウチナンチュにはなれないだろうけど、話を聞きたいな。そして、本音で語り合えたらもっといいな。いっしょに日常を過ごして、これからどうしたらいいのかをいっしょに考えていきたいな。

那覇に近づくにつれて、空がどんどん光を増していた。そろそろ、到着時間だ。機体が斜めに傾き、眼下に広がる梅雨雲の真っ白い絨毯をつき抜けはじめた。

さて、行きますか。

名古屋空港での遅れのため、宮古空港行きの飛行機へとすぐに乗り込めるようにとフライト・アテンダントのなかでも一番の美人が、着陸態勢をとっている機内でシートベルトをはずし、あたしを機内の前方に案内してくれた。そして、彼女が座るように用意してくれたのは、何と離着陸時のスッチー席だった！　おーーーーぅ！　こんなところに座れるとは‼　喜ぶあたしの隣には、家族連れが座っていた。ほとんど赤ちゃんに近い幼児に向かって、その子以上にはしゃぐ母親が「沖縄だよ、沖縄だよ！」と話しかけている。

そうね、沖縄だね。来ちゃったんだね。今年のインフルエンザは、あたしをサキちゃんのところまで連れてきちゃったんだね。

急いで宮古空港行きの飛行機に乗り込んで、約一時間後。空港の到着ロビーにはサキちゃんが立っていた。サキちゃん、来ちゃったよ、あたし。サキちゃんと顔を合わせた瞬間、いつも研究室でいっしょにいた時間と宮古の時間がつながった。

「サキちゃん、あたし、タバコが吸いたいよ。三時間も飛行機のなかだったのよ」

到着した早々にそう言ったあたしとサキちゃんは、それぞれのタバコに火を点けた。二人でいっしょに深呼吸。

さて、はじまるよ★ 宮古でのＰＳＷ実習研究の事前訪問！ 精いっぱいの、今のベストを尽くそう！ いっしょに、それぞれに、ネッ★★★

4 宮古島、地域生活支援センター「ひらら」にて――登場人物★紹介

午前六時。あたしの一度目の起床時間だ。いつもこの時間にあたしは目が覚めて、大きく息をする。すると、枕元の鳥カゴで暮らすオカメインコのピィが鳴く。あたしが起きたことを確認するのだ。その後、彼女は自分で鳥カゴのドアから出てくる。そして、彼女はベッドのなかのあたしの左人差し指の上に座り、あたしはそのまま二度寝をする。それが、あたしのいつもの朝だ。

しかし、五月六日の枕元には、ひざを抱えたキジムナーが座っていた。ん？ あ、そうか。あたしは、宮古に来たんだった。ガジュマルの木に暮らす子どもの神様であるキジムナーがすぐそばにいても、まったくおかしくないね。前の晩、サキちゃんと飲んだ古酒（クース）の「久米仙」でむくんだ目でよく見ると、それはサキちゃんだった。ああ、サキちゃんだったの、おはよう。よく眠れ……てなさそうだね。あたしが起きるずっと前から、あなたの定位置、キッチンの隅っこでタバ

コを吸ってたんでしょ？　二度寝できないその日のあたしも、うなりながらその場所に四つんばいで移動して、タバコに火を点けた。実習指導者さん、今日は一日、どうぞよろしくお願いします★

シャワーを浴びて出かける準備をした。手土産の、ナゴヤの「ういろう」もしっかり持った。ドアを開けると、天気は曇り。梅雨だというのにちっとも雨が降らないねぇ。

「沖縄の梅雨はいつもこんな感じだよ。今日は蒸し暑いねぇ」

そう？　ナゴヤの蒸し暑くて息苦しい梅雨に比べれば全然いいよ。朝の空気も、ぴかぴかに澄みきってる。本当に気持ちのよいゴキゲンな朝だよぉ！

さて、出発。やっぱり、自転車で行くよね？　いつも自転車で通勤するんでしょ？　ウキウキ爆発状態のあたしにサキちゃんはこう言った。

「今日は、タクシーで行くよ」

むぅー、ざんねん。そうだよね、自転車は一台しかないもんね。歩けない距離にあるのか。しかたがないね。残念がるあたしに、サキちゃんはつづけてこう言った。

「今度、ギア付きの新しい自転車を買うよ。今度せんせぇが

これがガジュマルの木。キジムナー、見えますか？

来る八月までにね。そのときには、せんせぇが今のアタシの自転車に乗ればいいよ」

ほぉーんとーーー★★★!?　いいの？　だって、あたしが宮古に来るっていうので、今度のボーナスつぎこんでエアコンも新調してくれたんでしょ？　大丈夫なの、そんなにお金を使って？　でも、すっごくうれしいよ！　あたし、サキちゃんといっしょに自転車に乗って宮古を通勤したかったんだ！　ありがとう、サキちゃん！　サキちゃんアパートの前に置かれたサキちゃん号（ママチャリ）を、あたしはていねいに目でなでた。

「今度会うときはドクター・ファンタスティポ★号、略してポー★号になるって。ヨロシクね」

さぁさぁ、レッツゴー★！　サキちゃんのアパートは、沖縄県立宮古病院のすぐ近くにある。病院の前から出発するタクシー乗り場まで、二人で並んで歩きはじめた。

「せんせぇ、今日は夕方五時からメンバーさんの『仕事ミーティング』をするから、センターに行く前に病院のデイケアに寄ってもいい？　チラシをＰＳＷ（ピー）さんにわたしたいんだ」

はい。よろしくお願いします、サキちゃん先生。タクシーに乗る前に、デイケアのＰＳＷさんと顔を合わせることになった。あたしとサキちゃんが立っていた病棟の後ろから、自動車に乗った彼女は姿を現した。宮古にいるもう一人だけのＰＳＷだ。「仕事ミーティング」の開催を案内するチラシを、サキちゃんが鞄から取り出した。そのチラシはサキちゃんのお手製で、色塗りをメンバーさんにお願いしていたものだった。

「『面倒くさい。何で、サキの仕事をあたしがしなくちゃならないの？』って言ってさぁ。不機嫌で、普段なら絶対に自分からは何にも取り組もうとしないメンバーさんが、色鉛筆で色塗りしてくれたんだよ！　すごくない？　塗ってもらったら、すごくていねいに、上手に二枚も塗るんだよ！」

昨晩、サキちゃんは嬉しそうに、あたしにそのチラシができたいきさつを教えてくれていた。よし。サキちゃんがチラシをわたすときに、デイケアのＰＳＷさんにあたしから挨拶をしよう。しかし、目があった瞬間、そのＰＳＷさんの声はあたしの挨拶よりも先に響きわたった。

「いらっしゃい。会えるの、とっても楽しみにしてましたよ」

え？　あたしが来るのを知ってたの？　うわぁ、サキちゃんありがとう！　あたしが話を聞けるようにセンター以外の人たちにも連

Column　「仕事ミーティング」

2005年５月６日、地域生活支援センター「ひらら」主催。山城早紀氏（ＰＳＷ）作成の広報チラシによると、「仕事に興味がある人、仕事をしている人」を対象に、「仕事をしてみたいけど」「どんな仕事が自分に向いている？」「自分は仕事をしているけど、ちょっと……」など、「仕事についてみんなで話をしてみませんか？」との呼びかけがされている。

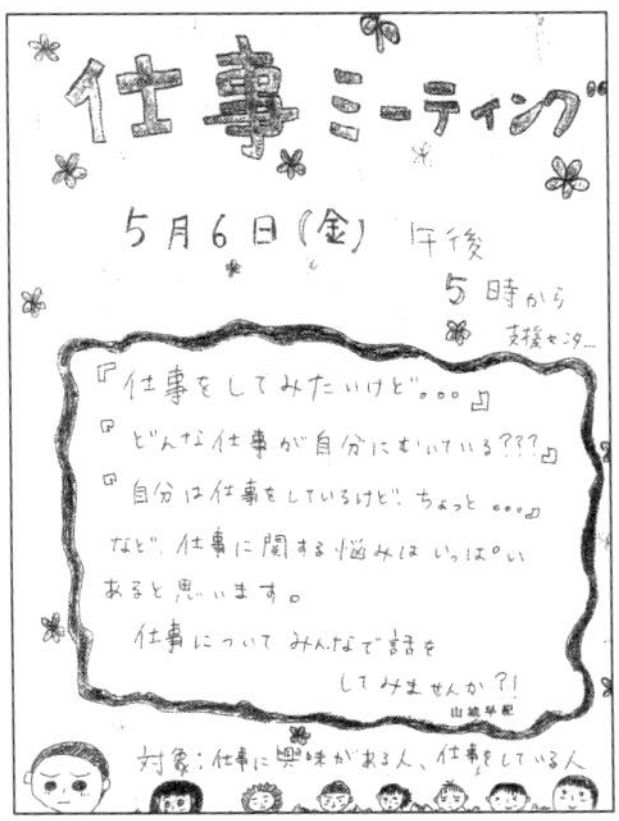

絡をしておいてくれたんだね。ニコニコ顔のサキちゃんに目を向けると、サキちゃんは非常に礼儀正しく、「仕事ミーティング」についての説明をデイケアのPSWさんにしはじめていた。

どれくらいの人数が集まるのかな？　三人で顔を見合わせる。それは夕方までのお楽しみ。名刺もわたさない簡単な自己紹介のあと、あたしとサキちゃんはタクシーに乗り込んだ。

タクシーは、一面に広がるさとうきび畑沿いをゆったりと走る。何だか、宮古は二〇年前のあたしが住んでた場所みたいだね。さすがにさとうきびはなかったけどね。二階建て以上の建物が一つもないよ。みんなコンクリートでできている。台風や潮風のせいで、壁はみんな真っ白シロ。タクシーの窓から見える自動車販売店に並ぶ乗用車も中古車ばかりだね。一〇万円とちょっとで買えちゃう車もあるんだ！　安いなぁ！　町並みを見学しながらの一〇分間、昨日降り立ったばかりの宮古空港を通りすぎてすぐに地域生活支援センター「ひらら」に到着した。

センターに行く前にバス通りを挟んだファミリーマートで買い物をすると、サキちゃんは次の

地域生活支援センター「ひらら」までつづく大通りには、こんなさとうきび畑がつづいています。

ように言った。自動ドアが開いた店の入り口には、浮き輪やビーチサンダルが並べられていた。「ここは、うちのメンバーさんがすごくお世話になってるの。メンバーさんは鍵をかけないでトイレに入ったきり出てこなかったり、レジ前のフライドチキンの大きさを比べて、何度も自分が買ったものより大きいチキンに交換してもらおうとしたり。でも、『チキンは同じ四角形に型抜きされてるから、どれも同じですよ』って、ここの店員さんはいつもメンバーさんに優しく言ってくれるんだ。だから、少しでも売り上げに貢献できるようにアタシも毎日ここで買い物をするんだ。いつもよくしてもらってる感謝の気持ちを込めてね」

そうだよね。店員さんからの情報は、センターの外にいるときのメンバーさんたちの様子を知るためにはすごく重要。サキちゃんは、さんぴん茶とチョコレート、あたしはさんぴん茶と栄養ドリンク、そしてプリキュアの缶バッジを買うことにした。昨晩、サキちゃんと連れだってスーパーの「サンエー」に行った。そこで、沖縄のことを「ウチナー」ということ、そして「さんぴん茶」がジャスミン茶であることを教えてもらっていた。それ以来、あたしのウチナー下宿生活では、お茶はさんぴん茶、酒は泡盛（久米仙を一番多く飲んだ）になった。

買い物の後、バス通りを横切る。センターに入る前には、砂利道のなだらかで短いスロープがある。建物はコンクリート造りの平屋。その脇に、ガーデニング用の柵で囲われたスペースがある。そのなかで、大中小の真っ白い仔犬が三匹、職員が来るのを待ちかねて飛び跳ねていた(11)。

サキちゃんがポケットのなかの鍵でドアを開ける。左手すぐの位置には四段の下駄箱。身長一五五センチの、あたしの肋骨の下くらいの高さだ。その奥は、きっとミーティングをする場所なんだろう。くっつけて置かれた二つの長机を囲むように、六つのパイプ椅子が並べられている。そのさらに奥手には緑色のソファがテレビを囲むように置いてあり、カラオケが使えるスペースがある。今度は、玄関右手にぐるっと目を向ける。手前にパソコンが二台並び、その奥には二つの本棚が壁際に置かれて、籐の椅子に座って本が読めるようになっていた。そして、玄関からちょうど時計の一時の位置に向かって五歩か六歩行ったら事務所だ。

とりあえず、靴を脱いでセンターのなかを歩き回る。ソファスペースの正面が台所。その隣が、男女二つのシャワールームとトイレ。そこから事務局へとつながる壁には、センタ

地域生活支援センター「ひらら」。あたしの大切な、大好きな居場所です。

ーの行事予定をひと月ごとに書き込むホワイトボードがあった。今日の日付に書かれているのは、

――「嶋守教授の歓迎会」？

「サキちゃ～ん、嶋守『教授』って書いてあるけどぉ！」

と、大声を出した瞬間、玄関のドアが開いて松川英文(まつかわひでふみ)センター長が現れた。

「松川さんはとっても大きな人だよ。松川さんのおかげで、アタシはいろいろと好き勝手に仕事をさせてもらってる」

サキちゃんのセンターでの本採用が決まる前に行われたオリエンテーションの数日間。その初日、メンバーさんと二人で話しているうちに緊張がほどけて、サキちゃんはソファに座ったそのメンバーさんといっしょにうたた寝をしてしまった。そんなサキちゃんを、「大したやつだ」と認めてくれた松川さんと目があった。一瞬で、あたしは松川さんのその目でスキャニングされた。その目は、新聞の元編集長としてのそれそのものだった。かつて、事件を実名で報道することの責任を携え、歪められて伝えられる事実を決して許さなかった厳しさと優しさを含んだ目だった。今はその責任がこのセンターでメンバーさんたちの人生を支援することに向けられている。

---

(11) 二〇〇五年一〇月より多良間島を除く市町村が合併し、沖縄県宮古島市となった。市町村合併以前の沖縄・宮古島の精神保健福祉については、拙稿「沖縄・宮古島における精神保健福祉の現状と課題（1）」『桜花学園大学人文学部研究紀要』第八号、二〇〇五年、一一五～一三三ページを参照のこと。

裸足のあたしを見て、松川さんは玄関の下駄箱では一番新しそうなスリッパを私にすすめてくれた。あたしは松川さんに近づき、案内されるまま事務所に入った。

次に現れたのは宮国千枝さんだった。宮国さんは、自転車で静かにセンターにやって来た。あたしのインフルエンザ・ハイテンションの原稿を読んで、「本当に、この人が実習に来るの?」とかなり驚いていたそうだ。その宮国さんは、あたしが履いているスリッパを見てまたまたビックリ仰天し、事務所の奥から新しいスリッパを出してきてくれた。

松川英文所長とあたし。松川さんは、超男前です。

「それを履いてて、水虫が伝染ったら大変!」

そう言った宮国さんと目があったとき、その瞳のなかにウチナーの遠凪の海が見えた気がした。穏やかで、澄みきって、遠くからいつも優しく人間を見つめているような静かな目だ。しかし、メンバーさんが生きる現実のなかで耐え難く不条理なことが起きれば、本気で大津波を起こして、きっと洗い流そうと全力を尽くすのだろう。そんな静かな強さと優しさをいっしょにたたえた目を見つめ、あたしは宮国さんと外にいる仔犬たちの話をしていた。一番小さな仔犬のハクは食が細く、ドッグフードよりもダンゴ虫ばかりを食べては吐いているそうだ。

「山城さん、虫下し飲ませた？」と尋ねる宮国さんに、「飲ませてましたよ」とあたしが返事をしたとき、棚原透さんが現れた。

棚原さんは、真っ黒な髪をピッチリと固めてうしろで束ね、黒々とした髭を、鼻の下と顎にこれまた形よく整えている。精神障害者の当事者会である「でいごの会」の代表者のメンバーさんたちとともに、三線バンドの島唄グループ「シエンズ」を結成して、活動を展開しているという。南国系のかなりの色男だ。

センターの喫煙所となるテーブルと椅子を玄関から外に出していたサキちゃんとあたしが事務所に戻ると、棚原さんは朝ご飯のおむすびを食べていた。目があったとき、彼は照れくさそうに「ごめんなさい」とあたしに言った。朝ご飯を食べていて、どうして謝るのかな？　「いえいえ」と笑顔で返事をしたそのとき、あたしと棚原さんの目があった。そのとき、何だか棚原さんとあたしの間にある距離がとても近いな、と感じた。あたしと棚原さんの間には二つの事務机が置いてあり、はす向かいにお互いが座っているはずなのに。

初対面だから緊張してるのかな？　そう考えることにして、あたしはその日に着ていたジャケットを椅子にかけ、ファミマで買ったプリキュアの缶バッジを取りだした。キャラクターは、「シャイニールミナス」(12)だった。プリキュア戦士のなかでも一番の新米さんが、あたしのTシャツの腰あたりで微笑んだ。

よし、準備万端★　実習研究の事前訪問、そして現場体験の学習開始！　始業ベルのように、そのとき、センターで最初に会うことになるメンバーさんから電話がかかってきた。

5　いざ、権利擁護の現場へ！――実習研究事前訪問、そして現場体験の学習★開始

「なぁにぃ〜？　どうしたんサぁ？」

午前九時三〇分、電話の向こうのメンバーさんに棚原さんは優しく話しかけた。低く、甘く響く色っぽい声だ。ドキドキしながら、あたしは棚原さんの電話口でのやり取りを聞いていた。

そのメンバーさんは、あたしが来る数日前から行方不明になっていた。どうしたんだろう？　スタッフが揃って心配していたその矢先に、電話がかかってきた。電話を切ったあと、棚原さんはセンターの車でメンバーさんを迎えに行った。棚原さんを見送ったあと、松川さんは地域生活支援センター「ひらら」の事業実施記録をあたしに手渡した。

「退屈してるだろうから、目を通してごらん」

あたしは、サキちゃんがくれたチョコレートをかじりながら記録に目を通しはじめた。毎週行われているカンファレンスの記録には、イニシャルで記されたメンバーさんの様子とサキちゃんが実施しているSSTの記録があった。それは、会話をするうえでの「GOサイン」と「NO・GOサイン」の練習の様子だった。大学での演習で、あたしと学生たちが一緒に行った内容がサ

キちゃん流にアレンジされていた。これを見て、あたしはかなり嬉しくなった。

顔を上げてサキちゃんを見る。すると、サキちゃんと目があった。

「そうだ。センターのなかを見せてなかったね。今のうちに案内するよ」

そう言うとサキちゃんは立ち上がり、センターの中の案内をはじめた。事務所の奥に、休養室とパーテイションだけで区切られた相談室があった。

「本当は、きちんとした相談室がセンターに欲しいんだよね」

「相談室は、ここにしかつくれないの?」

---

(12)　二〇〇五年二月から二〇〇六年一月まで放映された、『ふたりはプリキュア　Max Heart』（ＡＢＣ・テレビ朝日系列）の主役キャラクターの一人が「シャイニールミナス」である。

Column　地域生活支援センター「ひらら」

沖縄県宮古島市平良字西里1472-160（TEL 0980-72-6668）松川英文所長。2003年１月６日開所以来、宮古島市の精神障害者の地域生活支援のための精神保健講座・スポーツ交流大会の開催、24時間対応の電話相談のほか、小規模作業所や家族会、病院や行政機関・団体との連携、ボランティアの育成・支援、その他の精神保健福祉活動を行っている。

来談者中心療法（その他の資料）

2006.5/30（火）支援センターひらら
勉強会資料（作成者：山城）

★「GOサイン」・「NO－GOサイン」

C. ロジャース提唱【来談者中心主義】のカウンセリング技法の流れ

> 相談面接中に、援助者が
> ①「うなずき」と「促し」により、相談者に対して肯定的な言葉をつかう（言語的コミュニケーション）、
> ②相談者の話の内容に適切な「表情・身体姿勢・身ぶり」（非言語的コミュニケーション）、をつかい、「話してもいいよ」という印象を相談者に与える。
> →相談者が「受け入れられている」、「理解されている」、「話してもいいんだ」と安心して、信頼関係がうまれることにより、相談を援助者に打ち明けやすくなる。
> 逆に、援助者が、相談者に対して否定的な言葉や「表情・身体姿勢・身ぶり」をつかうと、相談者は「受け入れられていない」、「理解されていない」、「話さない方がいいかも・・・。」と沈黙し、心を閉ざしてしまうことがある。

＊「心と体を感じるコミュニケーション」

＊相談面接の場面で、いかにリラックスできるか？？
→言葉だけでなく、表情やしぐさなどからも情報を読みとる

＊安心できる相談の「空間・場所づくり」
→援助者も相談者が利用する１つの環境なので、援助者自身の環境づくり

＊援助者の「GOサイン」と「NO－GOサイン」の内容

	GOサイン	NO－GOサイン
①顔面表情 （相談者が１番見る）	「場に合わせての（適切な）表情」 例）相談者が笑う→援助者もほほえむ 相談者が真剣な話をする →援助者も真剣な顔つき	「場にあわない（不適切な）表情」
②身体姿勢	例）前のめりになって相談を聴く	例）ふんぞり返って相談を聴く ほおづえ、
③身ぶり （しぐさ・ジェスチャー）	例）うなずき	例）相談中に時計を見る 手でコツコツ机をたたく 貧乏ゆすり あくび ため息 舌打ち

2006.5/30（火）支援センターひらら
勉強会資料（作成者：山城）

「コミュニケーション」
～理論と技術（グループワーク）～

参考文献：「社会心理学入門」、福村出版，1997

★コミュニケーションとは？？

ことばや文字などで、意思（考えていること・思っていることなど）の伝達を行うこと。【国語辞典】
意思疎通。　簡単にいうと、人と人とのやりとり。

> 人は、コミュニケーションによって、情報【「感情」うれしい・悲しいなどの気分・気持ちや、自分はこうしたいという「意図」、好き・嫌いなどの「態度」や「知識」】などを相手に伝えると同時に、相手の情報を受けながら、お互いの理解を深め、他者の行動に影響を与えようとします。

＊「人間社会」でのコミュニケーションの原点は、「個人（１人の人間）」と「個人（１人の人間）」の間で交わされる「コミュニケーション」にあります。

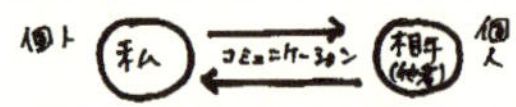

＊二者間（１対１）の「個人間コミュニケーション」＝「対人コミュニケーション（インターパーソナル・コミュニケーション：inter-personal communication）

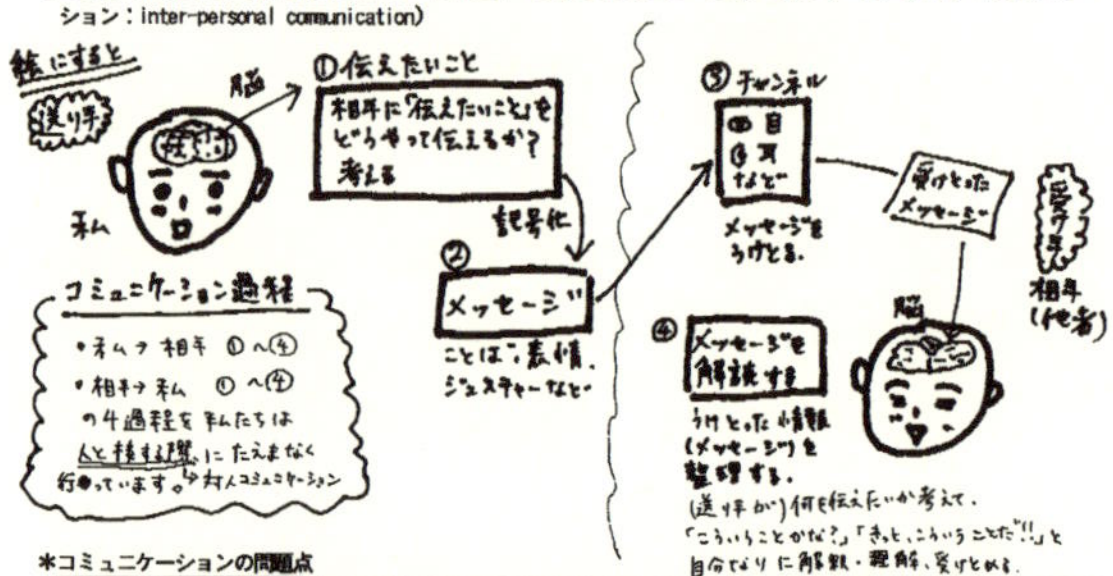

＊コミュニケーションの問題点

> 1. 私（送り手）の伝えたいこと・言いたいことを、相手にうまく伝えられない… おもに、①・②の失敗
> 2. 考えてもいなかったことまで、相手（受け手）に伝わったり、読み取られる… おもに、①・②・③・④の失敗
> 3. 相手（受け手）の（これはこうだ、こうに決まっているという）「常識」、（本人の独特の考え方や受け止め方の）「認知」、性格などによって、相手（受け手）にとって都合のいいように、理解・解釈され、受けとられてしまう… おもに、④の失敗

@ 私たちは、毎日、何かしら（他人と）コミュニケーションを行っています。自分の伝えたいことが、うまく伝わらないからといって、コミュニケーションをやめることはできません。相手にうまく伝わらなくても、「どうにかして、相手に伝えたい。自分を理解してほしい、わかってほしい！！」と、コミュニケーションをやり続ける努力をします。

→理由：その他の資料（クーリー、ミードなど）

あたしは、サキちゃんに聞いてみた。サキちゃんが小声であたしに答える。

「まだ新人だから、『つくりましょう』ってセンター長には言えないんだよ。物置はあるんだけどね。本当はそこがいいかなって思うけど。でも、この話を聞いてくれた千枝さんやほかの職員は、私とメンバーさんが二人きりになるのはやっぱり怖いって言うし」

その後、二人で事務室に戻った。サキちゃんは、今日の五時から開催する「仕事ミーティング」の準備でかなりテンパッていた。その横で松川さんから受け取った事業実施記録に再び目を通していたとき、棚原さんと電話で話していたメンバーさんがセンターに戻ってきた。

センターにやって来るなり、「ここ数日、入浴していない」と言うメンバーさんが、センターのシャワー室を使おうとしたちょうどそのとき、停電になった。センター職員が、みんなで顔を見合わせる。停電の原因を確認しようと、棚原さんは受話器を取り上げたがつながらなかった。しばらくしても復旧しない停電のなか、あたしが手土産に渡したういろうを松川さんがメンバーさんにすすめに行った。

「今日、名古屋から来た嶋守さんのお土産だよ」

松川さんが事務局に戻ってくるのと入れ違いになるように、あたしはゆっくりとメンバーさんに近づいた。そして、ゆっくりとメンバーさんに話しかけてみた。

「ういろう、どうですか？」

メンバーさんは、あたしに無表情な顔だけを向けた。

「懐かしいわ。わたしには、専門学校に行っている息子がいるの」

「そんなに大きな息子さんがいらっしゃるんですか？　そんな大きな息子さんがいらっしゃるお母さまには見えないですよ」

そう言ったあたしに向かって、メンバーさんは静かに返事をした。

「わたし、四〇をずいぶん超えているのよ。あなたは、いくつ？」

「三四になります、今年の夏で。先輩、どうぞよろしくお願いします」

あたしの返事でメンバーさんはようやく少し笑って上半身をねじり、あたしのほうを向いてくれた。そこで、初めてお互いの自己紹介をした。

「わたし、昔、名古屋にいたのよ。パン工場で働いていたの。病気でこんなふうになるまでは。二〇年前かしら。だから、ういろうがとても懐かしい。お土産、どうもありがとう」

宮古でナゴヤの話をするとは！　あたしは単純に驚いていた。しかしそのあと、島の人の多くは本土での就職経験があるということをあたしは知ることになった。

一〇時近くになった。「デイケアに行くサぁ。車に乗れ～」と言う棚原さんの声で、センターの玄関のドアが開けられた。あたしは、メンバーさんの名前を呼んで「行ってらっしゃい」と声をかけた。メンバーさんは笑って、あたしを見つめた。「まだ出会ったばかりだけど、次に必ず会いましょう」というあたしの心のなかの声を響かせたくて、あたしは最後にもう一度「行ってらっしゃい」と言った。このセンターには、いつでもそのメンバーさんの「居場所」があることをどうしても伝えたかったから。

事務所に戻ったあたしに、サキちゃんは静かに声をかけた。

「いつも話しはじめるとテンションが上がっちゃうあのメンバーさんと、あんなに静かに話をするなんて、せんせぇ、すごい」

いえいえ、偶然ですよ。あたしは照れくさかったので、外の喫煙所に行って一人でタバコを吸うことにした。タバコを吸い終えて事務所に戻ると、休む間もなくセンターの玄関のドアが開けられた。女性の大声がセンター中に大反響する。

「すみませ〜ん。ちょっと、山城さぁん！」

平良（ひら）市の社会福祉協議会の島尻郁子（しまじりいくこ）さんが、事務局に勢いよく入ってきた。島尻さんのうしろには、眉間にシワを寄せた、困惑顔のメンバーさんがいた。島尻さんは、そのメンバーさんの事情をサキちゃんに話しはじめた。

「あの、あたし、同席していてもかまいませんか？」

自己紹介の後、あたしがセンターでＰＳＷ実習をすることを知った島尻さんは、「あ、実習生なのね。あ〜、山城さんの先生なの。じゃ、ぜひ、嶋守さんもいっしょに聞いて」と、あたしの同席を了解してくれた。メンバーさんの生活と家族の状況についての一連の説明が終わったあと、島尻さんは次のように言った。

「とにかく、彼は保健所が対応することになってるから。だから、彼が何を言ってきてもここでは対応しないで。とりあえず、今日はここにいてもらうだけだから」

メンバーさんに目を向けると、事務室の前でセンターの電話をひっきりなしにかけている。そう言えば、いつの間にか停電は復旧していたのねぇ。

島尻さんがセンターに来てからあとの、あたしの実習研究の事前訪問は途端に勢いづいた。島尻さんにサキちゃんは、センターと地域福祉権利擁護事業との連携をＰＳＷ実習研究の内容としてあたしが希望していることを話した。すると、島尻さんは素晴らしい提案をしてくれた。

「宮古は、『権利擁護』を利用する精神障害の方が多いから。じゃ、これから社協にいっしょに戻りましょう。今、近くの公園で高齢の方たちがサロン(13)をやってるから、そこにも挨拶に行くわよ！」

宮古のサロン！　それは、ぜひ見学をしたい！　大喜びするあたしを助手席に乗せて、「平良市社会福祉協議会」と印字された白い車は勢いよくスタートした。「すごいパワフルですね」と島尻さんに話しかけると、「わたし、平良市社会福祉協議会の台風って言われてるの」という答えが返ってきた。

生き生きと公園の整備をする高齢者の皆さんが活動するサロン会場を見学してから、平良市社会福祉協議会に到着した。建物に入って、やっとひと息つく。すると、聞き覚えのある大きな声に呼びとめられた。

「はーい、実習生！　自分から挨拶をする～！」

声の主は、平良市社会福祉協議会事務局長の松川英世さんだった。センター「ひらら」の施設長である松川さんのお兄さんである。あたしは、社協に入る前から手のひらに用意していた名刺をわたして自己紹介をした。そのあと、島尻さんの案内で松川事務局長がいらした部屋のさらに奥の部屋に入った。そこが、平良市の「権利擁護センター」だった。あたしは専門員の新城啓子さんに、成年後見制度と地域福祉権利擁護事業について研究していることを告げた。

座るように促された机に席を取り、あたしはセンターをぐるっと見回してみた。棚という棚には、地域福祉権利擁護事業の文字が記されたファイルがある。窓際のホワイトボードの予定表には、ほぼ毎日、訪問予定の利用者さんの名前がぎっしり書き込まれている。

ああ、本当にやっと来れたんだ、地域福祉権利擁護事業の現場に！　博士論文の頃からずっと二つの制度の研究を論文や関連書籍だけで追いかけてはいたが、院生だった頃には現場に来るチャンスを手にすることができなかった。だから、あたしは権利擁護の現場にどうしても行きたいと心の底から望んでいた。あたしの向かいの机には、静かに机の上の書面に目を落とし、その日の業務を着々とこなしている新城さんが座っていた。

書類を見たいなぁ。利用者さんの情報なんて、プライバシーの問題もあるし……。まだまだそ

---

(13)　筆者が見学したのは、平良市社会福祉協議会（二〇〇五年一〇月より「宮古島市社会福祉協議会平良支部」）の「ふれあいいきいきサロン」である。二〇〇〇年度より展開されている「ふれあいのまちづくり事業」の一環であり、独り暮らしのお年寄りの生きがいづくりを目ざし、二〇〇四年で一四か所の活動拠点がある。

んなおこがましいことは言えない。だから、まず契約書の書式が見たい。あたしは深呼吸をして、落ち着けるだけ落ち着こうとした。しかし、確実に興奮によって上ずってしまった声で、あたしは新城さんに声をかけた。

「すみません。地域福祉権利擁護事業利用の契約書を見せてもらえますか？　実際にはどんな書式が使われているのか、見てみたいんです」

色白の新城さんと目があった。新城さんは静かに立ち上がり、親切に分厚いファイルをあたしにわたしてくれた。ファイルには、沖縄県社会福祉協議会から名護市社協、平良市社協、那覇市社協、石垣社協宛の文書が綴じられていた。それは、沖縄の地域福祉権利擁護事業の移り変わりが一目でわかる資料だった。ご多忙であるのに、八月には平良市の地域福祉権利擁護事業についてもお話をしていただけるという。あたしは感極まって、お

Column　地域福祉権利擁護事業

「地域福祉権利擁護事業」とは、自宅、グループホーム、ケアハウスなどで生活する認知症高齢者、知的障害者、精神障害者の福祉サービス利用のサポート（福祉サービス利用相談、利用・終了の手続き、苦情解決制度の利用援助など）、日常的な金銭管理（家賃、公共料金、税金、医療費などの支払い、年金、手当等の受け取り、預貯金の出し入れ）、通帳、印鑑、権利証などの書類を預かるサービスであり、社会福祉法（第81条）上は「福祉サービス利用援助事業」である。実施主体は都道府県社会福祉協議会であり、市区町村社会福祉協議会等が窓口業務を行う。「社会福祉協議会」は「社協」、「地域福祉権利擁護事業」は「権利擁護」などと呼ばれる。

礼を言うのが精いっぱいだった。研究意欲がかき立てられる。

　島尻さんに再びセンターまで送っていただき、サキちゃんとファミマで買った「タコライス」でランチを済ませた午後には、作業所「若葉」で行われるセンター職員の音楽教室に参加することになった。作業所の利用者さんとともに、棚原さんとセンターを利用している二枚目のメンバーさんが三線（さんしん）で奏でる『芭蕉布』の調べに合わせて島太鼓とタンバリンで合奏をした。そのあと慌ただしくセンターに戻り、「パソコンで作成した」という自伝についてメンバーさんと話をし終えると、夕方五時になった。サキちゃんの「仕事ミーティング」の時間だ。気合い十分、テンパり具合はそのまた倍になっているサキちゃんが自作プリントを持って事務所から出てきた。

　センターの会議スペースに、宮国さんと棚原さん、そして先ほどまで自伝について話をしていたメンバーさんが一人加わった。そのメンバーさんは、平良市社協のヘルパー講座を修了してヘルパーとして勤務しているという。

　あれ、参加者はこれだけ？　そのとき、音楽教室で一緒だった若い男の子のメンバーさんが、センターの玄関の扉からひょっこり顔を出した。そのメンバーさんにも「仕事ミーティング」に加わるようにセンターの職員さんが声をかけると、そのメンバーさんも遠慮気味に席に着いた。

　さて、ほかに参加者もいないようだから、「仕事ミーティング」、はじまりますかねぇ。でも、なかなかはじまらない。隣に座るサキちゃんが見ていた方向を、あたしも横目で追ってみた。そこには、テレビの前の緑色のソファに疲労困憊（こんぱい）で眠りこけている二枚目メンバーさんがいた。午後の音楽教室で何曲も沖縄の民謡を三線（さんしん）で弾いていたせいか、よほど疲れているのだろう。大きないびきもかいているし、お腹もシャツの裾がずり上がっているせいで丸見えになっている。

「三線（さんしん）教室のあと、いつもああなっちゃうんだよ。無理しないようにいつも言ってはいるんだけど……」

サキちゃんの言葉で、今からはじめる「仕事ミーティング」には、誰よりもそのメンバーさんに参加して欲しいのだということがわかった。とりあえず、サキちゃんは今後の「仕事ミーティング」のやり方について、その日の参加者の意見をホワイトボードにまとめた。ミーティングの司会や書記の役割分担の仕方、話したくないときにはパスできるルールなどを決めて、その

タコライス。宮古のファミマでは、お弁当箱に入って売られていました。

日のミーティングはお開きとなった。そのあと、センターの鍵閉めをする松川さんに促されてセンターの外に出た。

あー、とりあえず実習研究の事前訪問は終了★　何だか、密度の濃い一日だった。緊張する暇もなかったよ。夕方の空を見上げるあたしに、宮国さんは夕日にピカピカ光る大小二つの貝を差しだした。

「これ、あげるわ。まだ洗ったばかりでなかが濡れてるから、よく乾かして。ではまたね」

八月にあたしと再会を約束する言葉を静かに残し、宮国さんはひと足先に自転車で帰宅の途についた。

「せんせぇ、その貝どうしたの？」

サキちゃんが、あたしのうしろから声をかけてきた。

Column　精神障害者小規模作業所「若葉」

沖縄県宮古島市平良字東仲宗根676の９（TEL 0980-72-8403）橋本よし子所長。1998年４月１日、家族会の立ち上げにより開所される。絵手紙、パッチワーク、木工、畑等の作業を行いながら、退院後の精神障害者の生活リズムの調整や就労機会への訓練等を行っている。「あいさつと、仲間づくり」からスタートした「心の休憩所」としての「若葉」は2005年９月４日に創立７周年記念式典が開催され、東京都調布市「クッキングハウス」代表の松浦幸子氏による記念講演会が行われた。

「宮国さんにもらったの。こないだ、センターのみんなで海岸に貝拾いに行ったんでしょう。そのときに拾った貝なのかなぁ？　すっごくきれいだよねぇ、これ」

じっとその貝を見つめていたサキちゃんが、あたしの顔をゆっくり見つめ返す。その目は、嬉しそうに笑っていた。

「せんせぇ。これ、こないだの貝拾いのときのではないよ。千枝さんが、特別にせんせぇにくれたんだね。千枝さんが貝をくれるの、すごく珍しいんだよ。せんせぇ、千枝さんに気に入られたんだよぉ」

あたしはびっくりして、すっかり舞い上がってしまった。えぇぇ〜！　サキちゃん、本当なの、それ！　この貝は、宮国さんがあたしにくれた実習研究事前訪問の合格印なのね！

ぜったい大切にする！　この貝も今日あった出来事も、そして八月からの実習研究の時間も！

宮国さんの自転車の背中をもう一度思い返した。その姿に、遠凪のウチナーの海の波があたしにウィンクするように、キラリと光るのが見えたような気がした。

ねぇ、せんせぇ。
宮古は、癒しの楽園、ですか?

第2章 アンビリーばぶる、こんがらまった！
――二〇〇五年・夏、ＰＳＷ実習研究調査の巻――

1 本番実習研究スタート！――悲鳴、落命、どん底の悲しみに落ちて

宮古での実習を六日後に控えた七月二六日の朝。

ピィが死んだ。

オカメインコのピィが、突然、死んでしまった。この一羽のオカメインコの死が、あたしに宮古でのしょうがいしゃ（せいしん）の皆サマの生活を考えること。そして宮古で出会ったメンバーさんが生きている毎日を「わかりたい」と本気で思う気持ちになった大切な出来事となった。

ピィがまだ生きていたとき。論文などの原稿を書くときには、必ずそばにはピィがいた。次につづく文章が見つからずに言葉に詰まると、あたしは膝の上のピィに話しかけていた。

「困ったナァ、文が書けないよ。どうしようかねぇ、ピィ」

夜中の三時をすぎていても、ピィはあたしの顔を必ず見上げていた。あたしの手が止まっているのを見ると、ピィは真っ赤な眼をるんるんと輝かせていた。くちばしと爪を器用に使ってあたしの服をよじ登り、一二〇グラムと豊満すぎる体を揺さぶってあたしの左肩にたどりつくと、そうするのが当然とばかりに、ピィはあたしに向かって首を下に傾けていた。

「ネエ、サヤカ。原稿書ケナイナラサァ、首ヲ掻イテヨ」

首筋にあたしは鼻を押しつけ、上下左右に顔を動かして、ピィの首を掻いていた。ピィのにおいを胸いっぱいに吸い込むと、あたしは安心して筆をすすめていたのだ。

そんな毎日で、この一一年と九か月がすぎた。修士論文、『槍』[1]、博士論文、そのあとの原稿もピィといっしょに書いてきた。「困ったねぇ」と「よかったねぇ」を、何度も繰り返しながら。

宮古に行くことが決まってからのこの五か月間。実はずっと悩んでいた。初の研究旅行。行き先は宮古、日程は二四日間。飛行機は往復六時間だ。仮にピィを連れていくとしても、鳥カゴは貨物扱いだ。オカメインコの漫画で、北海道まで愛鳥を連れていったという話も知っていた。でも、ピィには絶対無理だ。高齢だし、ストレスに弱い。

（1）柿本昭人・嶋守さやか『社会の実存と存在――汝を傷つけた槍だけが汝の傷を癒す』（世界思想社、一九九八年）。この本のおかげで、学会で会う人にあたしは「槍の嶋守さんですよね？」と挨拶されている。

悩んでいるうちに七月二六日になった。起床時間の六時、携帯が鳴った。母の悲鳴が電話口に響く。

「ピィが！　ピィが死ぬ。早く帰って！」

そのとき、あたしは別宅にいた。〆切前の原稿書きに籠もる、あたしにとっては鳥カゴみたいなアパートだ。

その前日は、ナゴヤ市内の精神病院での実習研究だった。あたしは、宮古でのPSW実習研究に先駆けて、いっしょに研究をしている坂田哲生氏（あたしは「坂田サン」と呼んでいる）[2]が勤務する病院で二週間の実習研究を行うことにしていた。これまでに、あたしは精神病院や社会復帰施設への実習巡回には何度も行っていた。しかし、宮古の精神病院だけ見ても、そこにどんな特徴があるのかはきっとわからない。なぜなら、あたしは病棟に入ったことがなかったのだ。だから、自分の前で起きる出来事を比較検討するための基準が欲しかった。それをPSWの坂田サンに相談したところ、K病院での実習研究の機会が得られることになった。

七月二五日。あたしは初めて精神病院の閉鎖病棟[3]に入った。そこは、アルコール依存症の男性が入院する病棟だった。中年の後半とお見受けする患者さんに、銀行口座に振り込まれた年金額を確認していただく様子をあたしは見学していた。患者さんを看護師の詰め所から見送ったそのとき、「何か、知りたいことはありますか？」とPSWに尋ねられた。

この質問は、必ず聞かれると予想していたものだった。にもかかわらず、あたしの体は緊張で硬くなってしまっていた。緊張しすぎて、次々と看護師の詰め所に置かれた冷蔵庫から水を取り出す患者さんの様子はおろか、病棟の音や匂いも意識から消えてしまっていた。

とりあえず、疑問を言葉にしてみよう。そのＰＳＷは病棟に行く前に、ナゴヤの中心街である栄（さかえ）にある銀行に出張していた。それは職員間の連絡の様子を見ていてわかっていたので、あたしは恐る恐る質問した。

「なぜ、わざわざ栄の銀行に行くのですか？」

ＰＳＷは驚きながらも、非常に親切にあたしの質問に答えてくれた。

「よく、僕が銀行に行っていたことを知っていましたね。その方の居住地が別の県で、その方が利用する銀行の支店が病院の近くにないんですよ。無駄な手数料を払わないですむように、栄まで出向いているんです」

答えを聞いて納得をする。しかし、基本すぎることを聞いてしまったのではないか、恥ずかし

（2）坂田哲生氏、名古屋市にあるＫ病院の医療事業相談室主任。ＰＳＷ実習研究だけでなく、「人とのかかわり」すべてについての、筆者の頼れるスーパーバイザーである。

（3）その後、坂田氏が勤務するＫ病院の閉鎖病棟に入院されている女性の患者さんの「認知症グループワーク」に研究の場を移し、継続して参加させていただいている。週に一度、美空ひばりの歌に合わせてあたしがつくった体操を元気にしてみえる患者さんたちが、この会を「若さの会」と名づけて下さった。その後、会の名前はどんどん変わるが、「若さの会」とはなかなかよい名前で、あたしはとても気に入っている。

いことを言ってしまったのではないか、そんなことが頭を駆けめぐる。カルテを見ても、何を見れば、何を考えればよいのかがわからない。結局、カルテのページを指でめくっただけで頭のなかには何も残らなかった。

その日の実習研究が終わる。閉鎖病棟に入ったということだけで、あたしは緊張の極致以上に昇りつめてしまっていた。最頂点まで達した精神的な疲労のため、あたしは車を運転して実家に帰る気力をなくして、別宅に倒れ込んでいたのだ。

次の日、母の電話を受けて実家に帰宅したときには、すでにピィは母の腕のなかだった。ピィを抱きしめる。腹の底から悲鳴が沸き起こる。

ピィ！　お願いだから、目を開けて！　あたしがここにいるのを、もう一度だけ見て！　お願いだよう、お願いだよう。死なないでよぉぉぉぉ！！！！

その願いが届いたのか届かなかったのかはわからなかった。ただ、母から受け取ったピィはまだ温かく、眼は開いたままだった。そのあと、しばらくしてからピィの体は軽くなった。

八月一日、ピィの魂を肩に乗せたあたしは沖縄に向かうため空を飛んだ。最初の行き先は、サキちゃんの実習指導者が勤務する石垣島だった。ナゴヤから石垣まで直通で行く飛行機の窓の外は、真夏の透明な太陽の光でまぶしかった。けれども、あたしの目の前は土砂降りだった。座席備えつけのイヤホンでプリキュアや『サザエさん』のテーマソングを聴いていても、涙はあふれてくるばかりだった。

ピィが死んでしまってから石垣に渡るまでの数日間、あたしはどんなふうに過ごしていたんだろう。ただ、あたしは、毎日涙でヨレヨレでボロボロだった。しかし、ピィが死んだ早朝、坂田サンにはメールを送った。

「ピィが死んでしまったので、実習を欠席したいです」

そんなワガママを伝えるだけのあたしに、坂田サンからメールが届いた。

「いつでもメールしてきて下さいね」

坂田サンからのメールを受け取ったあと、ピィの冷たい体をいつも彼女が座り込む左の脚の付け根に寝かせて、あたしは必死で原稿を書いた。ピィが生きていてくれた時間と、いなくなってしまった現実を文章に遺したいと心が願った。その想いがパソコンの画面にどんどん刻まれて、文字へと姿を変えていった。

ひとしきり原稿を書き上げると夜になっていた。涙があふれるたび、あたしはピィの背中に鼻を何度も押しつけた。いつもと同じにおいがするのに、ピィの体は相変わらず冷たいままだった。秒針が時を刻む音が部屋に響く。いつもあたしの耳に届くピィの足音は聞こえない。夏の夜の静けさのなか、あたしはピィがいなくなってしまった、たった一人の時間をもてあましていた。

不思議なことはそこから起きた。その日、妹が薄い黄色のカーネーションを買ってきてくれていた。それは、ピィの羽とまったく同じ色だった。花びらが、何枚も何枚も散っていく。そのたびに、テーブルに落ちては小さな音をたてる。それは、ピィの足音と同じ音だった。花びらの足音を数えているうちに、あたしは安心して眠りに落ちた。

次の朝、気がつくといつもの朝と同じようにあたしの右の人差し指は目覚めたピィが座るための形になっていた。白いレースのカーテンが風で大きく揺れる。その風に乗って、茶色く枯れた細い葉が右の人差し指をゆっくりと撫でていく。時間が止まったように、その葉は何度かあたしの手に触れてベッドの下に消えていった。

ぼんやりと、窓に目を向ける。窓は開いているが、網戸は閉まっている。葉っぱが部屋にすべり込む隙間などない。……あれ？　さっきの葉っぱはどこから入ってきたんだ？　なんで、葉っぱは手からなかなか離れなかったんだ？

驚いて、ベッドの上に飛び起きたそのときに携帯電話のアラームが鳴った。時刻はピィの起床時間である六時だった。

ピイの墓。これは最近、デジカメ撮影を覚えたあたしの母が撮影しました。

「坂田サンは、あたしの話を信じてくれる？」

ピィが死んでから四日後、母と二人で泣きながら棺に入りきらないくらいの白いカーネーションを献花して埋葬したその日、あたしは坂田サンの待つ精神病院でＰＳＷ実習研究を再開した。坂田サンにこの本の原稿をわたした次の日、坂田サンと居酒屋で泡盛を飲んでいた。ひとしきり、あたしの書いた原稿について話し合ったあと、坂田サンはピィの話を聞いてくれていた。

「葉っぱはねぇ、そのあと探してもなかったんだよ。だけど、葉っぱが手に触った感触はまだ残ってるの。それに、カーネーションの花びらは落ちていたんだよ。あのあと、花びらが枯れて落ちることはなかったのにね」

あたしが見たのは幻覚だったのかなぁ？　感触があったから幻触なの？　とうとう、あたしの気が違っちゃったのかもしれないねぇ。あたしは、そこで思いきり、自分の悲しみを酔いにまかせて笑いとばしたかった。笑えば、笑うことさえできたら悲しみがごまかせるのではないかと思ったのだ。けれど、そんなあたしを坂田サンはゆっくり見つめてこう言った。

「ピィが、嶋守さんのところにいたんだね」

坂田サンの優しい眼にくるまれた途端、あたしの目の前は涙で見えなくなった。背高のっぽの坂田サンは、雨を優しく受け止める傘のようだった。泣いているあたしの言葉を嘘だとも言わず、ごまかしもせずに受け止めてくれていた。

「生きていれば、必ずお別れのときが来るんだよ。今はできないと思っていても、『もう大丈夫』

って思えるときが必ず来るよ。だから、後悔したり、自分を責めたりだけは絶対にしないで」

坂田サンの言葉を聞いても、あたしが大丈夫だとは思えないことを素直に告げてみた。すると、今度は逆に坂田サン自身の不思議な体験を教えてくれた。

「ずっと面倒を見てくれていたお祖父ちゃんが亡くなったあと、不思議なことに自分のうしろにずっといることがわかったの。だけど、ちょうど四十九日のときかなぁ。『もう俺は大丈夫だから逝っていいよ』って思えたんだよね。そしたら、ふぅっと背中が楽になって、お祖父ちゃんが逝ったことがわかったの。そういうときが嶋守さんにもきっと来るよ」

坂田サンの言葉を聞いても、あたしの涙はまったく止まらなかった。

「でも、四十九日なんかが来てもそう思えるよう

2005年８月１日の石垣空港。到着したその日は観光イベントで盛り上がっていました。

になるとは思えないよ」

「そうだね。四十九日のすぐあとじゃないかもしれん。でも、嶋守さん。宮古に行っておいでよ。宮古に行ったら、ピィが『ここがいい』って言うかもしれないよ。そしたら、また宮古に行けばいいじゃない？　宮古に行ったときのことを、また教えてよ。ここまで話を聞かせてくれたんだから、俺はつづきが聞きたいよ。嶋守さんの代わりに俺が宮古に行きたいけど、嶋守さんじゃなきゃダメなんだよ」

　機内に、機体の左下に宮古島が見えることを乗客に伝えるパイロットの声が響く。坂田サンがくれた言葉を耳のなかで何度も繰り返しながら、あたしは上空からデジカメで宮古を撮影した。耳のなかには、イヤホンから『となりのトトロ』のテーマソングが流れている。眼下に広がるピィの綿毛のような小さな薄いちぎれ雲をわたり、夏のＰＳＷ実習研究の最初の舞台となる石垣島に飛行機は到着した。

2　台風九号、台所戦争勃発！——生活の主導権、完全に奪われる

　石垣島にてサキちゃんの実習指導者の勤務する地域生活支援センターへの訪問も無事に済ませた八月三日、あたしとサキちゃんは宮古島に上陸する台風九号より一足先に宮古空港に帰着した。サキちゃんの手には愛飲のタバコが三箱。そして、あたしの手には石垣土産のスナックパイン(4)

が入った袋が握られていた。
　あたしは、まるっきりの観光客そのものだった。
　薄黒い台風の雲のなかを宮古空港に到着したとき、何とも言えない安心感をあたしは味わった。実家ではないが、それに近いとも感じられる場所に戻ってきたような気がしたのだ。見知った風景、柔らかく生ぬるい空気。空港のロビーへつづく通路を照らす青白い蛍光灯。それらのなかで、初対面となった石垣島での社会福祉を担う人々へのインタビューで感じた最高潮の緊張からやっと、解放された気がしていた。

　あー、宮古に帰ってこれた。

　しかし、訪問して二度目の宮古に帰着し

宮古新報（2005年8月5日付）

宮古新報
8月5日金曜日
2005年（平成17年）
第12856号　（日刊）Ⓒ宮古新報社　2005年
羽地歯科口腔外科医院
☎73-4618
西里大通り
終日、暴風吹き荒れる
最大瞬間風速39・2メートル
大型強い台風9号　宵のうちに最接近
台風9号接近で宮古島地方は大荒れの天気となった＝城辺町友利
台風9号4日17時54分現在
宮古島

たあたしは、当然のことながらやはり宮古人ではなかったのだ。

サキちゃん宅に帰着してひと息ついた後、あたしとサキちゃんは近くのスーパー「サンエー」に買い物に出かけた。二人して、台風に備えてしこたま食糧と缶のさんぴん茶を買い込んだ。

「せんせぇ、だいじょうぶ？」

あたしの顔面は、疲労と潮風に負けてアトピー一色、満開状態だった。そんなあたしの顔を見て、サキちゃんはただただ心配していた。気遣うサキちゃんに、あたしはまだ死んでしまったピィのことを話せずにいた。数日間、ほとんどまったく眠らずに泣きつづけたおかげで、あたしの顔面の皮膚は涙とそれを拭うタオルの摩擦で完全にすり剥け、ビリビリに破れていた。そこへ浸み込む潮風。そして、容赦なく照りつける紫外線から防御するための日焼け止めも満足に塗れてはいなかった。

「だいじょうぶだよぉ、宮古に戻ってきたから。宮古は緑が多いしね。潮風の塩分が葉っぱで和らげられる感じ。石垣の港はコンクリートだらけで、吹きっさらしだったでしょ。あの風、塩分多くない？[5]」

(4)　石垣島特産のパイナップルのこと。とうもろこしのように実をちぎって食べられることが特徴。石垣島の商店街では、その季節が終わっていたせいか、あたしの購入したスナックパインはあたしの手と同じくらいの大きさしかなかったので、定価一五〇円のはずが、店員さんが「一〇〇円でいいさー」と売ってくれたのでした。

サキちゃん、あたしね、ピィが死んで泣いてばかりで、涙で肌が荒れてるの。石垣の潮風なんて全然問題じゃないんだよ。肌荒れの原因を素直に言えないあたしの言葉に、サキちゃんは笑って答えた。

「せんせぇの言ってること、ぜんっぜんわから〜ん」

サキちゃん宅での下宿生活は、二人でいられることの嬉しさと同時に、笑い一色のように思えた。しかし、その甘い見通しは、最初の数日間で見事に裏切られることになった。きっかけは、あたしがタバコを切らしたことだった。

帰宅一番に、サキちゃんはベランダに面したサッシの窓の桟に古新聞を詰め込み、窓の隙間を布テープで目張りをしはじめた。内地なら、真ん中に一つしかついていない窓のカギが、サキちゃんのアパートには上下からだいたい三分の一くらいの場所に二つついている。慣れた手つきで、手早く無駄なく済ませられるその作業は、まるで台風の前に必ず行われる儀式のようだった。

どれだけの威力の台風が来るのか。内地の台風しか知らないあたしにとって、テレビの台風情報は外国からの大物スターの来日を報じる一大ニュースのように見えた。大物台風のギャングスターは、あたしがその前日まで滞在していた石垣の港で大暴れをしている。強風にあおられ、大波のなかで揉まれる観光船の一群がテレビ画面に映し出されている。その石垣の風景を、確かにあたしは知っている。台風の大きさよりも、その場所を訪れて「知っている」という優越感にあたしは心底うっとりしていた。暴風域圏内に入っても、サキちゃんのコンクリートアパートはびくともしない。すでにあたしにとっては、台風はまったくの他人事になっていた。

そんななか、あたしの携帯からは何度もメールの着信音が響く。母や妹、カッキー師から大学の同僚、友人、そしてこの本の出版社の社長である武市さんに至るまで、宮古の台風の真っただ中にいるあたしを心配するメールがどんどん届いていた。

「台風、大丈夫？　大風に飛ばされてない？　ママが心配してるよ。メールしてやって」

妹からのメールの文面をサキちゃんに読み上げる。すると、心底あきれ顔のサキちゃんが、いつになく強い調子でこう言った。

「だいじょうぶだよぉ、外に出ないかぎり。外に出たら、体が浮くぐらいの風が吹いてるけど。こんなときに外に出るなんて、バカな観光客くらいだよ！」

サキちゃんのその言葉を聞いた時点で、サキちゃんのアパートに引きこもってから丸二晩がすぎていた。何回かの食事と昼寝をし、四冊ほどの本を読み終えたあたしは自分のスーツケースの内ポケットを探った。

ない！

(5)　映画『ファンタスティポ』の「5　パパを見ろ！　トラジを見習え」の朝食風景で、家族のなかに自分の居場所が見つけられないハイジが、朝食のテーブルに並ぶ水を飲みながら、その気まずさをごまかすためにふざけた振りをしながら、「マグネシウム多くない？」と言う台詞がある。このときの筆者も、宮古での居場所のなさへの自覚と自分の悲しみをごまかすために、「この風、塩分多くない？」と言ってみたのだった。

そこには、石垣のコンビニで買いだめしたはずのタバコがあるはずだった。タバコだと確信していた白い箱には名刺が入っている。うーーん、勘違いのうえに計算違い。しまった！　タバコを切らした！　スナックパインで浮かれてる場合じゃなかったよ。

手のなかの偽タバコボックスの透明なふたからは、石垣で出会った障害者生活支援センターのコーディネーターの名刺が見える。そこに記された似顔絵の笑顔には何の罪もない。八つ当たりしたい気持ちをぐっとこらえ、あたしは名刺ボックスを元にあった場所に戻した。

テレビの画面と時計を恨めしく見つめる。なかなか、台風も時間もすぎてはくれない。相変わらず、タバコはない。あたしはコンビニに行きたい。しかし、サキちゃんと行けば五分で着くはずのコンビニでも、あたしには場所がわからない。だから、一人でそこに行くことができない。時速六キロでゆっくり進む台風の大嵐のなか、「出かけたい」と言えば、サキちゃんは何と言うだろう。滞在はまだはじまったばかりだ。こんな今だからこそ、「バカな観光客」呼ばわりだけはできるだけ避けておきたい。

しかたがない。あと半日、タバコくらい我慢するか。台所にいるサキちゃんに目を向ける。サキちゃんは夕食に向けて電気釜でご飯を炊こうとしていた。

「せんせぇ、ご飯食べる？　うちは白米じゃなくて五穀米と押し麦なんだけれど、いい？」

「そういうご飯は大好きよ。何だか、今流行りのオーガニック・カフェみたいね。まったく問題はありません」

そう答えると、サキちゃんは普段通りにご飯を炊きはじめた。サキちゃんに声をかける。

「ずいぶん大きくて、立派な電気釜だね」

「うん。これは、お兄ちゃんからのお下がり。一人で暮らしてると、そのたびごとに何度も炊くのが面倒くさいから、一度にたくさん炊いて一食分ずつフリージングしておくんだよ」

電気釜のスイッチがピピッと鳴る。五穀米と押し麦かぁ。美味しいけど、あたしにはその炊き方がわからない。サキちゃんには、宮古に来る前から約束をさせてもらっていた。宮古にいる間、晩御飯はあたしがつくるよ。せめてもの、下宿させてくれるお礼にね。これでも一応結婚して最初の一年間は主婦をやってたのよ。よく包丁で指を切りつけるけど、料理の腕だったらちょっとは自信があるんだから。

しかし、宮古のサキちゃんのキッチンでは、あたしはそのご飯すら一人で炊くことができない。一度に炊くための適量と水加減がわからない。

「ねぇ、サキちゃん。ご飯の炊き方、教えて」と、サキちゃんに尋ねればいいだけだ。しかし、恥ずかしくてそんなことは聞けない。聞けないというよりも、むしろ絶対に聞きたくはなかった。料理の、基本中の基本すぎるからだ。あたしは自分の恥をごまかすために、ここでは今後一切ご飯を炊くことを黙って諦めることにした。

次の日の朝になっても、宮古はなかなか台風の暴風域から脱出しない。朝ご飯を食べるため、前の晩の残り物を電子レンジで温めようとおかずをプラスチックのお皿に移してスイッチを入れようとした。サキちゃんの怒声がキッチンに響く。

「あーーーーーっ！　ダメ！　そのお皿で電子レンジ使ったら、レンジが壊れてしまうよ！」

サキちゃんは、手早く皿の中身を陶器の茶碗に移し変えて、電子レンジのスイッチを入れた。空になった青いプラスチックのお皿の表面に、かすれたタイムレンジャー（テレビ朝日系放映の特撮番組）の模様がのぞく。かなりのショックだった。サキちゃんが怒ったことにではない。女としての自分が、自由に振る舞える場所がこのキッチンにないのだ。ナゴヤの家のキッチンではあたしがその主なのに（だから、あたしは家でさまざまな電化製品を自分でも驚くようなやり方でよく壊している）。


確かに、あたしは宮古では客だ。でも、コンビニに一人で出かけることも、ご飯を炊くことも、レンジを使うことも、暮らすうえではまったくの基本的なことだ。それなのに、そんなことすら、一人でできないなんて。

「ああ、いやだ」

サキちゃんの声がキッチンの隣の居間から響く。あたしのことを言っているの？　居場所をなくしたことを心配しすぎたあたしは、サキちゃんの言葉にただただ悲しくなった。そっと、サキちゃんの顔を盗み見る。サキちゃんはつづけてこう言った。

「来週、精神障害者のケアマネジメント講習なんだよ。ケアマネしなくちゃならないと[6]、今の福祉サービスが使えなくなる利用者さんだらけになるんだよ。そんなの絶対におかしい！　支援センターでケアマネしなくちゃいけなくなったら、センターで働きたくなんかないよ、もぉ」

え？　サキちゃんが、「いや」なのはそっち？　石垣のホテルで過ごした時間中、サキちゃんは精神障害者のケアマネを「いやだ、いやだ」と言いつづけていた。あたしは、石垣島にいるサキちゃんの元実習指導者の言葉を思い出していた。

「周りに同じような立場の人がまったくいないなかで、自分の言い分を聞いてもらえないことはとっても辛いこと。先生が、サキちゃんのスーパーバイザーになるべき」

「あたしが、サキちゃんのスーパーバイザー(7)ですか？　あたしは、まったく精神障害者福祉の現状、ましてや宮古のことなんて何にも知らないんですよ」

と言うあたしを、サキちゃんの実習指導者だった石垣島のPSWはじっと見つめてこう言った。

「専門的なアドバイスも必要ですけど、まずは話を聞いてくれる人が、今の山城さんには必要な

---

(6)　二〇〇六年一〇月より施行された障害者自立支援法の「相談事業――ケアマネジメントの制度化の問題点として、「ケアマネジメント導入部分が、障害程度区分の認定と障害福祉サービスへのつなぎ、モニタリング（再評価）部分であり、さらにいうならばケア計画作成の対象者の範囲が、①複数のサービス利用者、②長期入所・入院者の地域移行者に限定され、非常に狭い範囲のケアマネジメント手法（技法）にとどまっているところ」にあると指摘されている（社団法人日本精神保健福祉士協会『障害者自立支援法――地域生活支援の今後と精神保健福祉士の実践課題』二〇〇六年）。サキちゃんは、この「非常に狭い範囲」から外れることになるメンバーさんの今後を嘆いて、「ケアマネがおかしい」と言っていたのです。

(7)　スーパーヴィジョンを行う人のこと。スーパーヴィジョンについては、第1章の註（9）を参照のこと。

んです」

そうかぁ。あたし、サキちゃんの話をきちんと聞いていなかったね。障害者の自立支援法が確実に成立するであろう今、精神障害者のケアマネをしないなんて、ただの業務放棄のようにしか、あたしの耳には届いていなかった。でも、「当事者のことをまず優先して考えようよ」とサキちゃんに言いつづけてきたのも、あたしだ。サキちゃんはメンバーさんのことを一番に考えて、ケアマネを拒絶していたんだね。

ごめん、サキちゃん。あたし、サキちゃんの話をきちんと聞いてなかった。そして、あたしはサキちゃんに自分が一番言いたいことも言えてなかったね。

「ねぇ、サキちゃん。タバコ一本ちょうだい。　ずっと切らしてしまって我慢してたんだ」

サキちゃんの携帯の着信音が鳴る。電話に出るサキちゃんを尻目に、あたしはサキちゃんのタバコに手を伸ばした。開けられたばかりの三箱目の二本目を手にとり、あたしは自分のライターで火をつけた。

「午前中で台風が暴風域を抜けるはずだから、松川さんが、暴風域を抜けてからセンターに来ていいって」

電話の用件を伝えるサキちゃんとあたしの目がようやく合った。そこには、あたしがここに居てもいいと許される場所があった。イライラが静かに収まってゆく。あたしはようやく安心し、タバコの白いため息を深く吐きだした。

3 しょうがいしゃの皆サマの日常――センター「ひらら」、台風編

午前一一時三〇分。台風の強風の間を縫って、あたしとサキちゃんを乗せたタクシーは地域生活支援センター「ひらら」に到着した。スロープの上にある玄関の手前に人影が見える。そこには水のしたたった色男が一人、黒の半ズボンから筋肉質の脛をのぞかせて風に落ちた草葉をホースで流していた。

「お久しぶりです、棚原さん。また、よろしくお願いします」

あたしの言葉に、棚原さんがにっこりと微笑む。棚原さんの真っ黒い髪が水に濡れて、頬のあたりでクルクルとカールしている。

風の勢いに負けないよう、力いっぱいセンターのドアを開ける。クーラーの冷たい風が鼻にすべり込む。あたしは、事務所から出てきた松川所長に出迎えられた。

「いらっしゃい。宮古の台風すごいでしょう？　大歓迎だねぇ」

「はい。あたし、強烈な雨女ですから。こないだ来たときの飲み会の帰りにも、宮古の大スコールに遭いましたしね」

笑い声がセンターに響く。そこには、一人、中年の男性メンバーさんの先客がいた。雨合羽を脱いだサキちゃんは、自分のパソコンで早速台風情報をチェックしている。まだまだ、台風は抜

けそうにない。あたしは、サキちゃんの隣の机で軽い昼食をすませることにした。外では、センターの白い犬たちがきゅうんと鼻を鳴らせている。

午後一時をすぎたころ、センターの電話が鳴った。電話をとった棚原さんが、相変わらずの甘い声で電話の相手に優しく話しかける。

「ん～。暴風警報解除したら、来てもいいよ。うん。体育館、開かないと思うよ。さっきも電話したから。アシがあるなら、来て」

電話は、五月の実習研究の事前訪問で出会った二枚目メンバーさんからだった。八月九日から一〇日にかけて、デイケアのメンバーさんたちは本島で開催されるソフトバレー大会に出場することになっていた。その練習があるのかどうかについての問合せが電話の内容だった。棚原さんは、練習場である体育館に確認の電話をかけた。結局、その日はアリーナの雨漏りのために体育館は使えなくなっていた。

ふと見ると、サキちゃんは下駄箱ごしにメンバーさんと話をしている。事務室のプリンターが動いている。この日にあたしがセンターに来て以来、松川さんがずっとパソコンで作成していた

センターの白い犬たち。この犬と遊ぶために地域の子どもがセンターを訪れていました。

プリントが印刷されてくる。

「はい、嶋守さん。これ」

手渡された文書に目を落とす。おおおおおっ‼　あたしの実習予定表だっ！　そこにはセンターのほか、沖縄県立宮古病院、平良市社会福祉協議会、平良市保健センター、宮古福祉保健所、作業所「若葉」と、宮古島にある主要な精神保健福祉関係機関・施設での実習が目白押しに予定されていた。

「宮古での実習機関・施設のフルコースだから。せんせぇには、お偉いさんばっかりに会って、緊張し通しの実習になるとは思うけど」

宮古に行く前の電話で、サキちゃんがいたずらっぽく、そして心配しながら話してくれていた言葉が耳によみがえった。

よっしゃ、気合い！　これ全部、全力で乗り切ってやろうじゃないの！

決意のために、もう一度予定表に目を通す。実習機関・施設での実習のほか、センターでのピアカウンセリング(8)、利用者宅訪問、島内名所めぐり。そして、八月一九日には「旧暦七月十五日・旧盆送り火」体験と記されている。

（8）peer counseling、つまり精神障害者自身によるカウンセリングのこと。八月一三日に見学したピアカウンセリングでは、センターを利用するメンバーさん同士ではなく、精神病のお子さんについてのご家族からの相談を受けていた。

実習計画書

桜花学園大学

嶋　守　さやか 実習計画　　　8月5日～8月22日

日時	
8月5日 （木）	13：00～ 〈生活支援センターひらら〉 実習計画の打ち合わせ…松川、嶋守、山城 18：30～ 懇親会
8月6日 （土）	14：00～ 〈生活支援センターひらら〉 ピアカウンセリング相談の見学・利用者とのふれあい 18：30～21：00 メンバーさん宅訪問
8月7日 （日）	9：00～ 島内名所めぐり **参加・嶋守ほか希望者、案内・松川**
8月8日 （月） ↓ 8月12日 （金）	8：45～ 沖縄県立宮古病院 C1病棟、C2病棟の実習 OT室、デイケア室の実習 地域連携室の実習、訪問看護同行 **11日（木）17：00～　家族懇親会** **18：00～　盆踊り** 18：30～ （その他、院内スタッフによる勉強会に参加） 〈連絡、サポート・山城〉
8月13日 （土）	14：00～ 〈生活支援センターひらら〉 当事者との交流（デイゴの会かシエンズ）
8月14日 （日）	終日フリータイム
8月15日 （月）	9：00～ 〈平良市社会福祉協議会〉 権利擁護・精神保健福祉との関わりを研修 13：00～ 〈平良市保健センター〉 訪問支援で当事者の日常生活に触れる（その後、グループホーム会議参加）
8月16日 （火）	9：00～ 宮古福祉保健所 宮古地区の精神保健福祉活動の総括 15：00～ 〈生活支援センターひらら〉 健康講座「住民検診の大切さ」参加（実際は宮古福祉保健所にて共同作業所「やすらぎ」視察、「精神保健福祉普及月間会議」に参加）
8月17日 （水）	14：00～ 〈生活支援センターひらら〉 ものづくり教室に参加
8月18日 （木）	9：00～ 作業所若葉 作業内容など作業所現場の１日体験
8月19日 （金）	旧暦7月15日・旧盆送り火 19：00～ 松川実家で送り火体験（嶋守、山城）
8月20日 （土）	14：00～ 〈生活支援センターひらら〉 実習を終えて…松川、嶋守、山城 16：00～ 懇親会
8月21日 （日）	終日フリータイム　（実際は、地域生活支援センターひららにて、8／17に作ったカボチャの粘土細工に色つけをした）
8月22日 （月）	帰郷

松川英文氏が作成したものをもとに、筆者が加筆。

旧盆？

送り火？？？

「せっかくだからねぇ、松川の実家で体験してって」

言葉少なに語る松川さんの配慮と笑顔の向こうに、大切な何かがあることはわかる。でも、それって一体何？　なぜ、その体験が必要なんだろう？　あたしは、松川さんに尋ねてみることにした。

「送り火体験って、何するんですか？」

「送り火はねぇ、宮古の大切な行事だからねぇ～」

松川さんはそれ以上に言葉を返さず、優しく笑うだけだった。宮古にとっての大切な行事。でも、きっとそれが大切なのは、宮古に暮らす人々以上にその暮らしを理解したいと願うあたしにとって？　確かに、都会育ちのあたしには、送り火自体、何のことやらさっぱりわからない。大きなクエスチョンマークが脳裏に点灯したまま、あたしのＰＳＷ実習研究はそのまま続行されていった。

あっという間に時間がすぎる。午後四時半を回り、外が暗くなりかけたそのとき、センターの玄関の扉が開いた。知っているメンバーさんがなかをのぞいている。あたしと目があうと、そのメンバーさんは一瞬顔をしかめた。

「あー、大学の先生?」

それは、五月の実習研究の事前訪問のときに、パソコンで自伝を書いているというメンバーさんだった。いそいそとなかに入ってくるその顔色は、黒くよどんでいる。見るからに具合が悪そうだ。「幻覚が出ている」、とサキちゃんからは聞いていた。ねぇ、メンバーさん。そんな調子でソフトバレーに出場して本当に大丈夫? 那覇にだって、ちゃんと行けるの?

メンバーさんが話しこもうとしたそのとき、ほかのメンバーさんと談笑していたサキちゃんをはじめ、棚原さん、そして先客のメンバーさんたちもあたしの居る場所からすっと離れていった。ぽっかりと、会議スペースに空間ができる。あたしは、あたしを「大学の先生」と呼んでくれたメンバーさんと二人、長机に席をとることにした。

「わたし、ソフトバレー大会が終わったあと、バレーを引退する」

強く、しかし周りに聞こえないように声を潜めたメンバーさんの口調にあわせて、あたしも声を低くする。

「どうして?」

「まだ誰にも言ってないんだけど、喫茶店でアルバイトをする」

まだ誰にも言ってない? 大切なことなのに? 体調の管理にかかわることじゃない。それは、センターの職員と相談しなくちゃいけないんじゃない? サキちゃんを呼ばなくちゃ。あたしなんかが話を聞いてちゃダメなんじゃないの?

　サキちゃんの同席を求めようと、事務所にいるサキちゃんを見る。サキちゃんは、松川さんの机に置かれていた書類に目を通している。あたしには斜めに背を向けている。こちらの様子は確実にサキちゃんには見えているのだけれど、見るからにサキちゃんからは拒絶のオーラが発散されている。とりあえず、話だけは聞いてみよう。目の前にいるメンバーさんがあたしに話してくれるというのだから。

「どれくらいのペースで働くの？」

「夕方五時から夜の一二時まで。週四日間」

　ええええええ～～～～～っ、そんなに⁉　動揺して大声を上げたい気持ちを抑え、あたしはメンバーさんの顔をできるだけ優しく見ながら、質問をしてみる。

「ねぇ、本当に大丈夫なの？　そんなに何で働くの？」

「独り暮らしをはじめて、電化製品を買ったさねぇ。そのローンを三か月で返す。それに、あと一年は車のローンも残ってる。安心して、暮らしたいさぁ。今までだって、バイトをかけもちして暮らしてきた」

　メンバーさんは、話のあいだ、長机からめくれ上がったビニールカバーを剥がしている。その手を制止しながら、あたしはそのメンバーさんの言葉を無言で繰り返した。

　安心して暮らしたい、か。確かに、借金まみれと感じながら生活するのはきつい。メンバーさんに同情するあたしのなかに、「この人のために何かをしてあげたいいい」という自分がいた。この人の借金の問題を解決するだけだったら、あたしがお金を出してあげればいい。具合が悪くて働けないというのなら、代わりに働いてあげればいい。それができるかどうかはともかくとして。

しかし、他人がどんなことをしてあげても人はきっと救われない。毎日の生活を生きているのは、その人自身なのだから。その人が生きて、抱えていかなければならないのは、他人の「してあげたい」というお節介ではない。これからどうしていくのかを決めるのはその人自身だ。その人が選ぶから、その人の人生になるのだ。少なくとも、このメンバーさんの人生を決めてあげるのも、選んであげるのも、あたしではない。

メンバーさんの顔を見つめる。メンバーさんの目からは、ずっと涙がにじんでいる。さあ、どうしたらいい？　あたしに何ができる？　肩にかけた白いタオルで目を拭うばかりのメンバーさんを、あたしはずっと見つづけた。そうするうちに、あたしに「できる」ことがわかったような気がした。

あたしは、あたしには、このメンバーさんの話を聴くことができる！

「無理してない？」というあたしの言葉を聞いて目から大粒の涙がこぼれ落ちたとき、メンバーさんは愛知県にあるお寺のことを話しはじめた。

「先生は名古屋だったねぇ。私も、豊川に行きたい。そこに、豊臣秀吉を奉ったお寺があるさねぇ。ずいぶん前にも、そのお寺が夢にずっと出てきて。おっかしいなぁ、気になるなぁと思って、行ってみたらそこの碑に自分の父親の名前があって。お父さんが、その辺りで死んだってことは知ってたさねぇ。ああ、お父さんが夢で私を呼んでいたんだなぁ～って思って」

メンバーさんのお父さんの話は、五月に初めて会ったときにも聞かせてくれていた話だった。

「本当にお父さんが大好きなんだねぇ。お父さんに会いたい？　最近も、そのお寺の夢を見てる？」

「うん。わたしは、夢に出てくること、信じるから」

話のあいだに、メンバーさんがさわっていた広告に二人で目を向ける。チラシには、もうそのときにはすでに終了していた「ユタと精神医療」という講演タイトルがあった。二人でそれを見つけて喜んだ途端、メンバーさんの目に光が戻った。メンバーさんは、自分が信じるというユタの話をしはじめた。

「宮古にもユタがいて、よく話を聞いてもらいに行く。それから、マウというのがある。マウは、自分の守り神さねぇ」

広告の裏にボールペンで図を描きながら、メンバーさんはあたしに説明をつづけている。顔色が少し生気を取り戻してくる。頬も口調も、優しく緩んでいく。

「それって、見える？」

あたしの質問に、メンバーさんは広告に目を落としたまま答えを返す。

「夢に出てくる。夢に出てきたことの理由が自分でわからないと、心臓がドキドキドキドキして、落ち着かなくなる。最近も、夢にイヤな人が出てきて悪口を言ってるのが聞こえて、目が覚めるさねぇ」

それが幻覚なのかな？　探りを入れようと、あたしはメンバーさんに家族のことを尋ねてみようと思った。

「家族は、今のメンバーさんの状況を知っている？　家族の方は心配してくれているの？」

本当はそう聞きたかったけれど、「心配してなかったらどうしよう？」と迷ってしまい、あたしはメンバーさんにこう尋ねていた。

「家族のことで心配はないの？」

「今はない。今は自分のことだけ。自分がしっかりしないと。自分で、自分を守らないと」

事務所から、松川さんの声が聞こえてくる。

「嶋守さん、何してる？」

無関心を装った、普段よりも声のトーンが高いサキちゃんの声が返事をする。

「まだ話してますよ～」

メンバーさんと二人、時計を見る。メンバーさんが玄関に体を向ける。

「あー、帰らなきゃ」

ドアの向こうに消えるメンバーさんの背中を見送ったあと、センターを掃除しはじめた松川さんに話の内容を報告した。ひと通りの説明が済む前から松川さんは驚いて顎をななめにひき、あたしを見つめ返した。

「本当？　知らなかった。ありがとねぇ、話を聞いてくれて。でも、そんなに金に困ってるのかねぇ」

新聞紙でつくられたゴミ袋をゴミ箱に入れながら、あたしは松川さんに返事をした。

「独り暮らしのために買った電化製品のローンが三か月。それと、車のローンを早く返してしまいたいそうなんです」

あたしの言葉を聞きながら、松川さんは掃除機をかけている。

「そうかぁ。無理しないといいけどねぇ。自分でやると決めたのだからねぇ。こちらからは何も言えないさねぇ。とりあえず、注意して見てみようねぇ。ありがとう、嶋守さん」

掃除を終えて外に出る。台風の雲はまだ空を覆っている。帰りの道すがら、サキちゃんにメンバーさんの話を伝える。サキちゃんは静かに目を伏せたまま、そのメンバーさんの状況についてあたしに説明した。

「あのメンバーさんはねぇ。調子を崩すと、焦って働きはじめるんだよ。でも、だいじょうぶだよぉ、せんせぇ。もし、那覇から戻って調子を崩せば、医療保護入院[9]があのメンバーさんを待ってるよ。家族からも了解をもらっていて、もう手配はとれているから」

入院が、あのメンバーさんには必要なんだね。やるせない気持ちが胸に充満する。涙が出そうになるのをこらえながら、サキちゃんに質問した。

「ねぇ、サキちゃん。あたしがメンバーさんと話していたとき、どうして事務所から出てこなかったの？　どうして棚原さんもほかのメンバーさんも急にいなくなっちゃったの？」

「だって、せんせぇと話をしたがってたから。ほかのメンバーさんも、それがわかったんだよ。そういうの、敏感だから。あの会議スペースが相談スペースになるんだよ」

アパートに着くと、サキちゃんとの普段通りの時間がすぎた。いつも通りにテレビから音が流れ、静かに夜は更けていった。

4　狩俣(かりまた)の海、サンゴの海岸、ドラゴンフルーツの庭――メンバーさんのお宅訪問

次の日。出かけようと手をかけたアパートのドアの隙間から、お昼の明るい光が差し込んでいた。内地ならば台風一過というところ、一面に広がる真っ青な空を期待してドアを開ける。予想外に、天気は曇り。あれれ、沖縄の空って内地よりも青いんじゃあないの？

いやいや、ここは宮古。思うようには、いかんのですよ。

まぁまぁ、いいじゃないですか。今日もお頑張りなすって。ね、ポー★さん。

ホームシックがひたひたと忍び寄る、自分で自分を励ましながらセンターに到着。今日は、メンバーさんのピアカウンセリング見学。さて、何がはじまりますやら。

まずは、昨日と同じ席に座って昼食をとる。今日のランチは、ファミマで買った「うず巻パン」。かすかすの（スカスカの、ではない）、白い柔らかな酸味のきいたパンで、砂糖のクリームが巻かれた伊良部島（いらぶじま）の菓子パンだ。ひと口かぶりつき、口の周りについた砂糖を舌でなめ上げる。

「うーん、あま〜〜い」

カッキー師の口ぶりを思い出し、流行りのギャグを舌の上で連発しながら、牛乳とおぼしきパックに刺さったストローを口にする。

「ん〜〜〜〜〜〜〜〜〜〜〜〜〜んんんっ！？　あま〜い、甘すぎるよぉ。なんじゃぁあ、こりゃぁ！」

中身が舌に触れた瞬間、あたしは腹ではなく、右手で口を押さえた松田優作(10)になっていた。激甘さ加減に頭をクラクラさせて、左手の中のパックを見る。「元気の子」？　牛

(9)　精神保健及び精神障害者福祉の福祉に関する法律第三三条において、「精神病院の管理者は、指定医の診察の結果、精神障害者の医療および保護のために入院が必要で、その精神障害のために任意入院（同法第二二条、括弧内筆者）が行われる状況になく、かつ保護者の同意があるときは、精神障害者本人の同意がなくても入院させることができる」と定められている。

うず巻パンと元気の子とさんぴん茶。宮古観光の記念に激甘体験はいかがですか？

乳じゃあなかったのね。期待を裏切られ、元気をなくしたあたしに、サキちゃんは平然と声をかけてきた。

「ピアカウンセリング、外の喫煙所でやるから。行ってきてね」

そうだ！　ピアカウンセリングに行かなくちゃ、だったよ！

外の喫煙所では、メンバーさんたちがのんびりとタバコをくゆらせている。あたしも食後の一服、その輪に混ぜてもらうことにした。しかし、吹きだまりのなか、四方から吹いてくる風であたしのライターの火はことごとく消されてしまう。

ライター片手に玄関のドアを開け、センターのなかに顔をつっこむ。なかからは、メンバーさんが歌うカラオケのしゃがれた声が聞こえてくる。タバコに火をつけるあたしと、パソコンのところにいるメンバーさんとがにっこり笑いあう。火がついたところであたしはタバコを吸うためにもう一度喫煙所に戻った。

あたしがタバコを吸い終える頃合いを見て、事前訪問時には三線（さんしん）を弾いていたピアカウンセリング担当の二枚目メンバーさんがほかのメンバーさんたちに声をかける。メンバーさんたちが会議スペースに集まり、ピアカウンセリングがはじまった。サキちゃんは、事務室から出てこない。

二枚目メンバーさんが、穏やかに話を切りだした。

「何を話そうねぇ。服薬？　自分も薬、飲んだり飲まなかったりだから」

おいおい、「薬をきちんと飲まないから落ち着きがない」って、サキちゃんからあたしはあなたのことを聞いてるよ。そう突っ込もうかとも思ったけれども、あたしは黙って様子をうかがうことにした。女性のメンバーさんが大きな声で答える。それは、五月のときにあたしが最初に話をしたメンバーさんだった。

「好きなこと、話そう。うん、それがいい」

自分の話に同意して、どんどん声音が高くなる。このメンバーさんは、「話しはじめるとテンションがどんどん上がっていく」というサキちゃんの言葉を思い出す。

二枚目メンバーさんは、ほかのメンバーさんたちの顔を見ながら、話を続けていく。

「じゃあ、何分で話をしようねぇ。三分？」

「うん、三分」

メンバーさんの返事にあわせて、キッチンタイマーがセットされる。あたしは耳をそば立てる。何か、が話されている。しかし、声が小さいのと音節がはっきりしないために何を言っているのかまったくわからない。それは、昨日、あたしが来る前からセンターにいたメンバーさんだった。あたしと目があうと、そのメンバーさんは穏やかな笑みをたたえてタバコを吸うあたしにゆっく

(10) 松田優作、一九四九年（戸籍上は一九五〇年）〜一九八九年。一九七三年、日本テレビ系列『太陽にほえろ』にて好演した「ジーパン刑事」の殉死のシーンでの最期の台詞が、「何じゃぁ、こりゃぁ！」だった（「yusaku-matsuda.com」http://www.yusaku-matsuda.com/参照）。

りと近づいてきた。そして、その口が開かれた瞬間、何かが超速で話された。

？

言い終えたことはわかったが、あたしにはメンバーさんの口から音が出たということしかわからなかった。一つの音が発声される間合いに、三つか四つの音が同時に発せられている。あたしは何を言われたのかがわからなかったので、隣にいるサキちゃんの顔を見た。サキちゃんも、そのメンバーさんを見ている。メンバーさんは同じ言葉を繰り返したが、やはり何を言っているのかわからなかった。

「もう一回、ゆっくり言ってみて」

ゆっくりと、あたしも同じ言葉を繰り返す。そのたびに、メンバーさんの声が分節される。メンバーさんがあたしに言っていたのは、作業所「若葉」で働いていること、そして自分の苗字を名乗っていたのだった。

「速かったから、聞き取れなかっただけだよ」

サキちゃんの言葉を聞いて、メンバーさんは満足そうににっこりと笑った。あたしも、にっこりとうなずいて同意した。

キッチンタイマーが鳴った。この日のピアカウンセリングでも、そのメンバーさんの話は超速で終了した。そのため、結局何が話されたのかはわからずじまいだった。けれど、あたしとメンバーさんはにっこりとお互いに笑いあった。

次のメンバーさんは、五月に宮古に来たときの歓迎会で、ずっとあたしに小声で話しつづけたメンバーさんだった。この日もまた小声がさらに小さくなる独特の抑揚で、そのメンバーさんはとりとめもなく話しつづけていた。数年前は、愛知県にあった自動車工場で働いていたこと、愛知県で暮らしていたこと、八年前に発症し、現在も障害を抱えて生きているが「生きる喜びを、今は感じている」ことなど。

うーんんんん？？？　ナンだか変だぞ。あたし、メンバーさんの話がわからない！

メンバーさんは、あたしに標準語で話している。それは、このメンバーさんだけではない。みんながあたしに、あたしがわかる言葉で話してくれている。でも、あたしの頭は勝手にみんなの話の順序を整理してしまっている。整理してしまうから話のつながりが追えなくなる。つながりを追えないから、みんながあたしに伝えようと思うことが最終的にわからなくなってしまう。結局、メンバーさんが一番言いたかったことって一体何？　話のつながりは一体どこにある？　内容がわからないよう、と思っているうちに三分が経過する。メンバーさんは「言いたいことはすべて語ったぞ」、という顔であたしを見た。あたしはというと、「とりあえずは聞いたぞ」、という表情でメンバーさんにこたえた。

もし、これが大学の授業だったら、きっとあたしは学生たちに『ごくせん』（日本テレビ系放映のドラマ）ばりに両腕を腰にあてて、こう言うだろう。

「お前たち！　それで本当に、話が伝わると思ってるのかぁ〜？」

しかし、ここは地域生活支援センター。メンバーさんたちによる、メンバーさんのためのピアカウンセリング。参加するあたしが「したい」のは、メンバーさんの話に耳を傾けること、話してみたいという気を削ぐことのない、「場」にいっしょにいることであって、できないことを指摘して、間違いを正すことではない。だって、ここは教室じゃないし、あたしは今は大学の「せんせぇ」じゃないもんね〜。

このまま、何が話されているのかわからないままで終わるのかなぁ、と思っていた矢先、次のメンバーさんが語る言葉が耳に届いた。それは、センターのピアカウンセリングを知らせる新聞記事で、二枚目メンバーさんとともに紹介されたもう一人のメンバーさんだった。

「発症したときで覚えてるのは。……自殺を考えたさね。どうやって死のうって、それだけ考えてた。入院しても、俺が何でここにいるんだ、と思ってた。自分のなかに、精神障害者に対する偏見があったさね。でも、仲間ができた。きっかけがなかったら、自殺してた。自殺した人は、きっかけがなかっただけ」

話が終わる前から、女性メンバーさんの相づちを打つ声がどんどん大きくなっていく。上昇するテンションの勢いそのままに、女性メンバーさんの話がはじまった。

「旦那さんにね、病気の理解がまったくない。腹の立つことがいっぱいある。離婚したいけど、子どもが大きくなるまでは絶対にできない」

なぜ、そんなに腹が立つのか。離婚できない理由は何なのか。それらを知りたいあたしをよそに、「終わりっ！」と女性メンバーさんは大声を上げた。急に立ち上がって、女性メンバーさんは事務所の前の電話に駆け寄って、乱暴に受話器を取り上げ、どこかに電話をしはじめた。内容からすると、友人の恋愛相談に乗っているようだ。どんどん声音が高くなり、「えっち」という言葉が連呼される。別段、卑猥なことが口にされているわけでもないのに、声が大きいだけで聞くに堪えない言葉に聞こえる。

「しーっ！　もう少し静かに。静かに、話して」

サキちゃんは両手をひらひらと上下に動かして、女性メンバーさんに合図を送る。ひとしきりしゃべり終えると、女性メンバーさんは電話を切った。

メンバーさんたちは、立ちあがって喫煙所に向かっていった。サキちゃんも、喫煙所の輪のなかに加わった。あたしも、その輪のなかでタバコの煙を吐き出す。

「メンバーさんにはね、自由にやってもらってる。だから、ピアには参加しないんだ。メンバーさんたちが自分たちでやろうとする空気を壊さないようにね」

そっとあたしに耳打ちをし、サキちゃんはメンバーさんたちと話をしている。メンバーさんたちの顔を見て、毎日で生じた出来事を聞いている。別段、アドバイスめいたことも言わず、ただただ話に耳を傾けてメンバーさんたちと言葉を交わしている。

すごいなあ。サキちゃんはメンバーさんたちと毎日、こうして暮らしているんだ。だから、メンバーさんたちの話がわかるんだよね。

サキちゃんを見習って、あたしの周りで話をするメンバーさんたちの言葉をさえぎらず、あたしもみんなの話を聞くことにした。相づちを打って、いっしょに笑う。あはは。なーぁんだぁ、あたしの話だって、他愛ないじゃん。話を整理してなんてしゃべってないよ。でも、こうしていっしょに笑うことができるんだね。

二枚目メンバーさんの携帯が鳴る。センター長の松川さんがメンバーさんの家を訪問する予定を組んでいたので、ご家族が確認の電話を入れてきていた。

「今日は、実家の方に親族が来るさね。だから、山城さんと二人でメンバーさんのお宅にうかがって」

仕事よりも、実家の用事が優先されるということに違和感をもちながら、あたしはサキちゃんの顔を見た。サキちゃんは、複雑な顔であたしに声をかけた。

「さぁ、せんせぇ。メンバーさん家では、のめのめかめかめ攻撃だよぉ」

ノメノメカメカメ？　「飲め飲め」は見当がつくけど、「かめかめ」って何？

「『たくさん食べて』を、こっちでは『噛め噛め』って言うんだよ」

何度もかかってくるご家族からの電話にせかされるように、二枚目メンバーさんの小さな軽自動車に、サキちゃんと二枚目メンバーさんと三人で乗り込んだ。市の中心部からさとうきび畑のあいだを縫って車は進んでいく。途中の建物の説明をするために、二枚目メンバーさんは運転をよそに助手席に座るあたしの顔をまっすぐに見た。

「この辺りかなぁ。いつも見落とすんだよね」

車道沿いの宮古馬の牧場を通りすぎたところで、二枚目メンバーさんは車を停めた。緑の低木の茂みの陰にある白い砂に足をとられながら進んでいくと、目の前に二枚目メンバーさんが暮らす狩俣（かりまた）の海があった。夕陽を反射して波がきらめき、海は金色や銀色に色を変える。水面は白くもやで霞み、その境目は空とつながっている。海岸にはあたり一面に、白く真っ白いサンゴが無数に散らばっている。踏みしめるたび、宮古の地平をなしていた珊瑚礁がはるか昔に燃え落ちて骨となり、擦れて砂に還っていくような静かな音を立てる。

目の前の光景に、あたしは空に帰っていく何かを見た。それは、昼間、海の水の重なりのなかに深くダイビングした太陽の光にも見えたし、この世界に生まれ落ちた命が空に帰っていくようにも見えた。足元の砂を勢いよくすくい上げる風の間では、台風で行き場をなくしたヤドカリが無秩序な列をなして通りすぎていく。

「せんせぇ、もう行こうよぉ」

サキちゃんの声で我に返り、二枚目メンバーさんのお宅に向かう。駐車場に車を停めて、玄関に向かう。通りの木陰の至るところには塩が盛られている。食塩と表示された袋がそのまま置かれているところもある。そこには、「暗い」とも「黒い」ともいえる空間がある。日陰のせいだけでなく、何かの影が地面に映っているように見える。

松川さんが訪問しなかったことにあからさまに落胆の色を見せるお母さんに迎えられながら、あたしとサキちゃんは仏間の隣の大広間に通された。庭には、無造作に植えられたドラゴンフルーツという果実の木が点々と並んでいる。

「私は、最初の一〇年間に五人の子どもをもち、次の一〇年間で二人の子どもをもうけました」

唐突に、自己紹介をはじめたお父さんの挨拶から、サキちゃんの言った通りの「のめのめかめかめ大会」がはじまった。大きなちゃぶ台に

狩俣（かりまた）の海岸。波も砂も、そしてサンゴもすべて真っ白で、本当に美しいとあたしは思いました。

は、お姉さんが用意した刺身の盛り合わせが入った丸いプラスチックのお盆が三つ、「さたぱんぴん」と呼ばれるサーターアンダギー(11)、庭でとれたという茹で落花生と缶ビールが並べられている。

これ以上はもう食べられない、と思ったところで、お母さんお手製の「中身汁」が運ばれてきた。細く切られた豚の臓モツがお椀の底に透けるすまし汁を、あたしは二杯、ぺろりとたいらげた。

「こっちではねぇ、余るくらいの料理でもてなすことが、最高のもてなしなんだよ。だから、せんせぇ、残していいんだよ」

食の細いサキちゃんが、もりもり食べるあたしに耳打ちをする。相変わらず、「飲め飲め噛め噛め」とせかされつづけているうちに、サキちゃんはちゃぶ台を囲めない二枚目メンバーさんといっしょに、縁側でタバコをふかしていた。さまざまな話題が繰り広げられる話の合間に、お姉さんがあたしに向かってきょうだいの話をしはじめた。

「あの子はねぇ、きょうだいが七人もいるのに、近所の子どもに『いいなぁ、きょうだいがたくさんいて』って、いつも言っていたのよ」

(11)　沖縄の美味しいドーナッツのようなお菓子。宮古のメインストリートでは紫イモやゴーヤ味などのサーターアンダギーが売られていて、とっても美味です。

二枚目メンバーさんは、あたしより年が一つ下であること。お姉さんはきょうだいの長女であることなどがその言葉につづけられた。ちゃぶ台は、お姉さんのほか、長男にあたるお兄さんの家族や近所の女の子、お父さんとお母さんとで囲まれている。

二枚目メンバーさんとお兄さん（にぃに）やお姉さん（ねぇね）との年の差を数えてみる。「最初の一〇年で五人、次の一〇年で二人」のきょうだいがいるのだとすると、一番上のお兄さんとは二〇、お姉さんとも一五歳は離れていることになる。改めて考え直さなくても、かなりの年の開きだ。あたしとあたしの父母の年齢の差は二四。親の世代と変わりのないきょうだいと、日々、二枚目メンバーさんは何を話しながら育ってきたのだろう。どれだけの会話のすれ違いと、一人ぼっちの時間を過ごしてきたんだろう。考え込みながらタバコを吸いに縁側に

サキちゃんとメンバーさん、夕陽にきらめく狩俣（かりまた）の海岸で。

出たとき、二枚目メンバーさんが「なんか、ああいうふうに家族みんながいる場所が苦手で。何を話していいかわからないさね」と、あたしに耳打ちをした。

「そりゃそうだよなー」と思いながら、あたしは暗い夜空を見上げた。庭では、月の光に照らされてドラゴンフルーツの白い蕾がほころんでいる。

「見て！　ドラゴンフルーツの花が咲いてる！　初めて見たよ」

二枚目メンバーさんの声に、家族が縁側をのぞきに来る。互いに庭に咲いた花をはじめて見たことを口にしながら二枚目メンバーさん以外の家族はちゃぶ台に戻り、酒席が何事もなかったようにつづけられた。人の流れに乗って、あたしもちゃぶ台に戻る。

それは、いっしょに感動するためには足りないほどのほんの短いあいだだった。二枚目メンバーさんは、ちゃぶ台を囲む家族とは離れたまま、まだずっと縁側に座っている。

「月見草みたいだね」

サキちゃんは、家族がちゃぶ台に戻っても、月に光るドラゴンフルーツの花を二枚目メンバーさんといっしょに見つづけていた。

5　これがあたしの生きるミチ＝未知、道★——ＰＳＷ実習生とともに

次の日から行われる沖縄県立宮古病院でのＰＳＷ実習を控えた八月七日の夜。タバコを切らし

たあたしは一人、スーパー「サンエー」までの「はじめてのおつかい」を試みようとしていた。

「サキちゃ～ん、タバコ買ってくるねぇ～」

　布団の上で片方の膝を曲げ、うつ伏せで寝転んでいたサキちゃんは一瞬だけ顔を上げ、読んでいた本から目を離さずに返事をした。

「は～い。行ってらっしゃ～い」

　行き先もろくに言わず、夜の九時をすぎて出かけるあたしは、久々の開放感にうきうきしていた。黒く真っ暗い空に輝く星たちも、勝手に夜間外出するあたしにはお構いなしに輝いている。

　駐車場のフェンスの隙間を通ってスーパーサンエーに着く。こちらでは、スーパーは夜の一二時まではほぼ毎日開業している。入り口すぐの自動販売機でお気に入りのタバコを一箱購入したあと、スーパーのなかを散策することにした。まずは、家族に送るための宮古名物のマンゴーを見つくろう。あたしのコブシ二つ分の大きさのアップルマンゴーは、一つか二つずつパックに入れられている。一つ、一三〇〇円也。二つだと三〇〇〇円近くもする。内地で見る黄色いマンゴーとは違い、どれも真っ赤に熟している。どれか一つ選んでみようかとも思ったが、どれが美味しそうなものなのかがかいもく見当がつかない。ま、買うのは今日じゃなくてもいいか。サキちゃんにも見てもらって、一番美味しいのをゲットすることにしよう★

　ポークの缶詰やタコスのミンチのレトルト、泡盛の銘柄や値段を確認したあと、サキちゃんと二人で食べるためのチョコレートやスナックを選んでレジに並んだ。そのあたしの目に、黄色い紙の束が飛び込んできた。真ん中あたりが細いわら半紙で巻かれたその紙束は、紙ナプキンのようにも見える。内地で見る紙ナプキンならば、花やそのほかの模様が色とりどりにデザインされているはず。しかし、その黄色い紙束の隣やその近くを見ても、違う色や模様のものはおろかその名前すらも表示されてはいない。

なんだこりゃ？

気にはなったが、とりあえずレジを済ませて外に出た。夜の一〇時を回っても、こうこうと明かりがともる隣の洋品スーパーでお土産のTシャツを購入し、サキちゃんのアパートに戻った。空では真っ赤な細い三日月が、まだ宮古のことを何も知らないあたしをじっと見つめている。

アパートに帰ったあたしは、早速サキちゃんに先ほど見た「紙束」が何なのかを聞いた。サキちゃんは、なかなか帰ってこないあたしを心配していたようだった。サキちゃんは、あたしの質問にではなく、スーパーで一人、あたしがかなりの長い時間を過ごしていたことに驚いていた。

「ああ、お盆が近くなってきたからね。『うちかび』でしょ？　あの世のお金だよ。お仏壇に、『向こうで使ってください』ってご先祖様にお供えするんだよ」

だから、札束みたいに切りそろえられていたんだねぇ。サキちゃんの説明を聞いて、打ち紙（うちかび）の正体を知ったことよりも、むしろあの世でもお金がかかることにあたしは驚いていた。

風習、なんだねぇ。うちはクリスチャンだから仏壇がないんだよ。十字架ならあるんだけどさ。「野ばら」[12]の本を読みながら、くすくす笑うサキちゃんと話しているうちに、あたしは眠りに落ち、次の日の朝を迎えることになった。

サキちゃんのアパートからつづくあみだくじのような細い路地を、自転車を押したサキちゃんといっしょに並んで進む。その終点に宮古病院のデイケアがあった。ドアを開けると、ぴかぴかに磨かれたフローリングの床の上に行列をつくった蟻たちが、出口を探して右往左往している。

「先週の木曜から、ずっとデイケアを閉めていたさぁ。台風で、なかに蟻がいっぱい入ってきて。鉢植えを外に出さないといけないさあ～」

サキちゃんのアパートから見える風景。左の高い建物が宮古病院です。

デイケアのＰＳＷさんは宮国義美（みやぐによしみ）さんと言った。あたしも名前を名乗り、挨拶をする。宮国さんの向こうから、真っ黒に日焼けした男の子がひょっこり顔を出した。彼は、あたしといっしょに宮古病院での実習を行うもう一人のＰＳＷ実習生だった。

お互いに簡単な自己紹介をしたあと、同じ境遇に置かれた二人は何となく打ち解けていっしょに次々と鉢植えを外に出した。宮国さんとサキちゃんは、デイケアの掃除をしながらメンバーさんたちについての申し送りをしている。その声を耳に入れながら、宮古生まれで、部活では卓球で全国を相手に闘うという大学四年生のＰＳＷ実習生と二人、デイケアの真ん中に置かれた長机で実習スケジュールの確認をする。

デイケアに集まってきたメンバーさんたちの顔が、次々と窓からのぞいてくる。みんなに手を振りながら時計を見ると、もうすぐ針は九時をさす。実習のはじめに、作業療法室にて病院での実習オリエンテーションがあるという。

挨拶のために顔を出して下さった地域生活支援センター「ひらら」の所長の松川さんとサキちゃんを見送ったあと、宮国さんに導かれて、あたしとＰＳＷ実習生は作業療法室へと移動した。二階建ての古いコンクリートの精神病棟を右手に見ながら入った棟の一階に、もう一人の作業療

(12)　嶽本野ばら（たけもと・のばら）、作家（一九四五年〜）。『ミシン』（小学館、二〇〇〇年）で小説デビュー。『エミリー』（集英社、二〇〇三年）で第一六回三島賞候補になる。『下妻物語』の原作者。

表2　宮古病院　精神科デイケア　活動内容

項　目	内　　容
目　　的	外来通院中の精神障害者が、スポーツや創作活動などの治療的作業活動を通して自主性や協調性を養い、対人関係の改善を図りながら、自律生活及び社会的役割の獲得を図れるよう支援する
対 象 者	当院通院中の精神疾患を有する療養者・主治医が通所承認する方
活動日・時間	毎週　月・水・木・金　午前10時～午後4時（昼食含む）
活 動 内 容	・ミーティング　・個人休息活動 ・生活セミナー　・生活相談、病院利用についての相談 ・各種グループ活動（スポーツ、レク、調理、手工芸など） ・企画別、季節プログラム（精神保健関連施設との交流会など）
参 加 費 用	通院医療公費負担制度を利用される方で自己負担なし（昼食代含む）
参 加 方 法	主治医と面談のうえ、デイケアスタッフに申し込む。
従事スタッフ	精神科医師、精神保健福祉士、看護師、作業療法士
定　　員	30名（小規模デイケア認可施設）

表3　宮古病院　精神科デイケア　参加状況

		13年度	14年度	15年度	16年度
実施日数(日)		140	138	187	179
登録者数(人)		87	92	86	96
平均参加人数(人)	男	4.4	9.8	10.7	10.7
	女	4.3	4.1	5.2	7.2
	計	8.7	13.9	15.9	17.8
延参加人数(人)	男	612	1352	2036	1915
	女	607	561	979	1280
	計	1219	1913	3015	3195

表4　精神科デイケア利用者の社会生活状況

	13年	14年	15年	16年
家庭内適応	52	71	48	64
作業所通所	16	6	5	2
社会適応訓練事業	1	3	4	2
施設入所	2	0	0	0
就労(常用雇用)	0	2	2	4
就労(非常用雇用)	6	4	2	4
自営業	3	3	1	7
就学	0	1	1	2
不明	7	2	1	4

Column　沖縄県立宮古病院の作業療法室とデイケア

沖縄県立宮古病院には、作業療法室とデイケアが併設されている。作業療法室は、「入院中から積極的なリハビリテーションを行い退院後の地域生活を支援する目的」で、2004年2月に開設された（活動内容については、**表1**）。

デイケアについては、2001年2月に週2日で活動をスタートした。平成13年度より実施回数を週3日へと増やし、定期的な活動展開が可能となった。2002年11月より精神保健福祉士1名が配置され、2003年からは週4日の実施となり、通所者の居場所を提供している。現在の定員数は30名であり、活動内容は**表2**、利用状況については**表3**、利用者の社会生活状況は**表4**の通りである。

表1　宮古病院作業療法室　活動内容

項　目	内　　容
対　象　者	当院精神科病棟に入院中の療養者
活 動 場 所	作業療法室（新館地下1階　売店横）
活動日・時間	月・火・水・木・金　AM　9：30〜11：30　PM　1：30〜3：30
プログラム	
A)日常生活	・「気分と疲労のチェックリスト」など質問紙を用いて生活の振り返り
B)働　く	・農園芸、パソコン、買い物、調理
C)楽しむ	・ウォーキング、スポレク（グランドゴルフ、卓球、キャッチボール、バスケット） ・創作（絵画、書道、手芸、文芸、革細工、オーブン陶芸など）
D)社会生活	・他施設見学（宮古圏域の保健福祉施設）や交流事業への参加
E)休　む	・個人喫茶活動、休憩
費用について	各種作業材料、道具代は病院負担。診療費は各種保険の適用となる。
申し込み方法	主治医からの「作業療法処方箋」が必要。
運営スタッフ	作業療法士、作業療法助手、看護師、各種外来講師など

表1〜表4資料　宮古病院実習生用説明資料、2005年

法士（ＯＴ）の実習生が座っていた。実習生三人がそれぞれに自己紹介をする。

「どこの出身なの？」というあたしの質問に、ＯＴ実習生がていねいに答えた。

「恩納村（おんなそん）です」

「ごめんね。あたしナゴヤだから、恩納村ってどこにあるかわからないんだよ」

あたしの答えに、ＯＴ実習生は「本当に申し訳ない」という言葉をそのまま書いたような顔で説明をしてくれた。

「すみません。本島なんですよ」

「ああ、ほんとう★」

すかさず答えたあたしのつまらないダジャレは、ＰＳＷ実習生には軽く受け流されてしまった。しかし、にこにこ顔のＯＴ実習生は嬉しそうにこう答えてくれた。

「あ、本島だから『ほんとう』なんですね。面白いですねぇ、嶋守さん」

えー、本当？　説明を、そんなふうに真面目にされちゃってもぉ。ウフフフフ★、と微笑むあたしの目の前に一人の精神科医が座った。はす向かいには作業療法士が座り、宮国さんも同じテーブルを囲む。

さぁ、今から、サキちゃんに前々から聞いていた開放病棟の閉鎖についての説明が、お医者さんから直々にされるんだろうか？

宮古でのＰＳＷ実習をするにあたって、あたしはサキちゃんを通じて精神科への入院体験をしたいという希望を伝えていた。保護室、閉鎖病棟、開放病棟にあたし自身が入院することで、病院サイドや世間に対して開放病棟を存続する必要性を訴えられる根拠を探したいと思ったのだ。しかし、その希望は、目の前で宮古病院の精神科部門を説明するお医者さんから拒絶されることになった。

「まず、患者ではない人を入院させられないということ。それは、宮古病院が県立であるということにも関係がある。本当に入院したいのならば、患者としてほかの病院に入院するという手もあるのかもしれない。ただその場合は、いつ退院できるのかはわからないけれど」というサキちゃんからの伝言を思い出しながら、あたしは目の前に座っているお医者さんをじっと見た。その前の晩は、二時間おきに呼び出される救急外来のおかげで「寝かせてもらえなかった」とそのお医者さんは言った。研修医期間の二年間を合わせて、今年で勤務して六年目になるという言葉を聞きながら、あたしは作業療法室に集まった精神科のスタッフがお医者さんに向ける目を順に見ていった。すべての視線が、お医者さんへの信頼一色であるように思えた。

　オリエンテーションに先立って、あたしたち実習生は自己紹介をすることになった。あたしは大学の教員であることと、ＰＳＷ実習の研究をするために宮古病院に来たと言った。ＰＳＷ実習生は、おそらく大学の担当の先生の前で練習してきた通りに、内地の有名私大生であること、そして宮古病院への就職を希望している、と言った。そのしゃべり方は、本当に「立て板に水」だった。病院スタッフの視線が嬉しそうにＰＳＷ実習生に集中している。

お医者さんは、宮古病院に入院する患者さんの病気、精神科、心療内科、二四時間対応の救急外来、訪問などの診療体制のほか、作業療法室、デイケアの役割や機能を一通り説明した。最後に、お医者さんは患者の発症のきっかけについて話しはじめた。

「高卒で東京や本土に出たあと、発症して戻ってくるケースが多いですね」

その言葉で、あたしはサキちゃんと何度となく出かけた夜の宮古の町並みを思い出していた。二人で飲んだ夜の帰り道を照らすのは、赤々とした居酒屋の明かりか、白々と窓から漏れる予備校の蛍光灯だ。中学も含めた合格者の進学先が、予備校の窓いっぱいに張り出されている。沖縄本島や内地の学校名は、「出世コースは島の外」と書いているようにも見える。お医者さんの言葉と夜の町の明かりが重なる。

Column　宮古病院開放病棟の閉鎖について

宮古病院開放病棟の閉鎖については『沖縄タイムズ』（2006年３月17日夕刊）と『宮古毎日新聞』（３月30～31日）に記事が掲載されている。「入院治療が中心だったこれまでの医療から、通院治療へ切り替える国の方針に沿った対応」であり、今後は「訪問看護の回数を増やすほか、ナイト（夜間）ケアの開設など支援体制を充実させ、患者の社会復帰を促進する」。しかし、「通院治療について、家族らの受け入れ態勢や地域の理解は課題が残ったままだ。宮古島市が市社会福祉協議会に運営を委託して2005年４月に発足した初めてのグループホーム（本書でもふれたグループホーム「スマイル」のこと：括弧内筆者）は地域の反対にあって、移転を余儀なくされた」ことも報じられている。

さて、あなた。人生、赤白どちらの明かりの下がいい？　ファイナル・アンサー、さぁどっち？

結局、開放病棟の閉鎖は一切語られず、お医者さんは作業療法室を出ていった。入れ違いに入ってきた管理課長が、宮古病院全体の説明をしはじめた。

「宮古病院には、一般病床が二六〇、精神病床一〇〇の合計三六〇床あります。現在は、急性期病院をめざしており、軽症、慢性は地域にまかせる。今後、外来は入院患者の一・五倍程度をめざし、地域の診療所でみてもらう。そうした地域との連携体制が実践されていくことになります」

管理課長は、入院や退院の相談や手続きを行う地域連携室の職員数、乳幼児検診、宮古病院分院の多良間診療所、そのほかの医療体制を次々に説明していく。

「経営状況は難しい。入院患者の質を上げるか、入院患者を増やすか。平成一八年にはＩＣＵを開設し、ナースの院内での配置換えを行います。スクラップアンドビルドですね」

ＩＣＵは、精神科の病棟がある棟に設置されるという。現在のところで、精神科病床の使用数は一〇〇床中六五から六七床であるという。しかし、いつまでに精神科病床数が五〇床になるのかは管理課長からも話されなかった。

ひと通りの説明のあと、宮古病院には臨床心理士がいるのかという質問をＰＳＷ実習生がしはじめた。彼が宮古出身であることを承知している管理課長の目が、じっとＰＳＷ実習生を見つめている。事務的に説明をしていたときからは一転して、人材を確保しようという意欲がその目にみなぎっている。

「臨床心理士は、今、ＰＳＷといっしょに県に申請をしている段階。なぜ、宮古病院は実習生を受け入れると思う？　育てるため、宮古に戻ってきて欲しいからだよ。先だっても理学療法士が辞めて、ようやく卒業生を探した。二週間後の八月二九日から、実習生があと二人入ってくる」

「実習は育てるため」という管理課長の言葉で、ＰＳＷ実習生のメモをとる手が止まったことにあたしは気づいていた。実習を受け入れるのだからここに就職しろ、という管理課長からの無言のプレッシャーに戸惑って、ＰＳＷ実習生は完全にびくついている。

いくら宮古での就職を希望していると自己紹介で述べられても、完全に固まった意志を実習初日から要求されても酷だよなぁ。隣のＰＳＷ実習生の様子を見ながら、あたしの元学生たちの実習調整を行った経験を思い出していた。ある学生は、地元でのＰＳＷ実習を見事にこなして病院からは大絶賛され、実習終了段階には就職も決まっていた。でも結局、その子はその病院には就職しなかった。「彼氏と別れたくないから」という理由と彼女の決意にあきれかえって、あたしは言葉も出なかったけど。

思い出とともにあたしの実習指導教員としての意識が目の前のＰＳＷ実習生に対して沸き起こる。素晴らしいチャンスだ、本当に宮古での就職を希望しているのなら。大学教員であれば、ここで高らかに大万々歳！　「国家試験、確実に合格しろ～。絶対にこの機会を逃すなぁ～」、とか言っちゃったりするんだろうか？　うん、言うだろうなぁ、絶対に。

でも、今のあたしはそんなことを言うつもりはなかった。最終的に決めるのはこのＰＳＷ実習生自身。選んでも選ばなくても、いいのだ。

ＰＳＷ実習生が就職をどうするのかを考える貴重な時間に、あたしはそのすぐそばにいられることをとても幸せに思った。大学では、研究室で話を聞くことができるが、どうしようかと悩んで迷う現場にいっしょにいることはできない。それに、話は聞いてもあたしにはわからない。実習現場には巡回で顔を出すことはできても悩んでいるその場には行けないし、あたしは当人ではないのだから。

けれども、今は実習生といっしょに現場にいる。いっしょにいてもいいのだ。ここではあたしも、実習生なのだから。だから、あたしはここにいよう。何も特別なことは言わず、ただＰＳＷ実習生のそばにいよう。何て素敵なことなんだろう！

説明が終わり、病棟見学がはじまった。先月までは精神科の看護師長で、ＰＳＷ実習の窓口を行っていた副看護部長が案内を担当した。

「さっき、メモ帳にドクターは黒眼鏡って書いてたでしょ。笑っちゃったよ」

病棟の階段を上りながら、ＰＳＷ実習生はあたしにいたずらっぽく笑いかけてきた。よく見てるねぇ、といっしょに笑いながら、とりあえず、「国家試験には合格しないとね」とだけあたしは言った。気持ちを立て直すように目を伏せたあと、ＰＳＷ実習生は上目遣いにあたしをじっと見た。

そのあとの病棟見学で、ＰＳＷ実習生は病棟内で何かを発見するたびにふりかえっては必ずあたしの顔を見た。あたしはそのたびに、ＰＳＷ実習生の顔を見たり見なかったりした。あたしと目があわなければ、隣に来ては意見の同意を求めて感想を述べる。感動すれば体全部を使って表現をし、その様子に反応するあたしを見て笑った。リアクションの大きさや表情から、リラックスしているのが伝わってくる。

うれしいなぁ。あたしにふりかえってくれるんだ。あたしは何もしなくても、いいんだ。ただいっしょにいるだけで、この子は笑うんだ。なんか、超シアワセだよぉ★★★

漁師やダイバーの減圧症を治療する高酸素治療機材、輸血液の保存・確保体制、本土の病院へ組織片を電送するテレパソロジーなどを見学して回った。最後に看護部長室で挨拶をすませると、すでにお昼を回っていた。昼食の魚の匂いが鼻をくすぐり、高校野球の実況中継が、あちこちに置かれたテレビから聞こえていた。

とりあえずは、これで実習オリエンテーションは終わり。作業療法室で、いっしょに病院内を見学して回ったＯＴ実習生に「実習がんばれよ～」と手を振って別れた。ＰＳＷ実習生は大きなバイクにまたがり、お昼を食べるために自分の家に向かっていった。

緊張がとける。さあぁ、お昼ご飯は何かな★★★？　あたしのお腹の虫はようやく安心し、普段通りに元気に鳴きはじめた。

6 あたり前の入院——ここで、そばにいる、ということ

あたしが宮古病院の精神科病棟に初めて入ったのは、次の日の朝だった。デイケアから、ＰＳＷ実習生と二人で精神科の開放病棟に向かう。

「いとこが、ここの眼科で働いてるんだよぉ」と、ＰＳＷ実習生がうれしそうに教えてくれる。さすが、宮古の子。親も親類も、幼なじみもみんな、ここに暮らしているんだねぇ。

転勤族として暮らしてきたあたしには、一年前に購入した、家族が暮らす今のナゴヤの家にしか故郷はない。ほとんどの幼なじみや級友が、あたしたちが育った町田とは違う土地で暮らしている。離れて暮らしていたって、みんなあたしの大切な宝物であることには変わりはない。

でも、いいなぁ。自分のアイデンティティがこの宮古島にあって。

開放病棟の入り口にあるドアをノックする。ＰＳＷ実習生がこの日のメモに書いていた言葉を借りれば、「Ｃ２病棟に潜入！」、だ。

ドアを開けると、そこは看護師の詰め所だった。入り口側の棚には患者のカルテが並べられている。右側には病棟の食堂を見わたせる窓があり、その手前には二台のパソコンが並べられて、開放病棟と閉鎖病棟、また宮古病院の入院患者のデータがすぐに検索できるようになっている。真ん中には、事務机が三つ向き合わせて並べられている。食堂につづくドアが一番奥にある。

まずは、若くて姿勢のよい看護師さんの先導で病棟見学に案内される。看護師は、認知症で目が離せないという患者さんの車椅子を押しながら、病院の食堂から見て右側の通路沿いにある男性の病棟に進んでいった。

「この病棟は、朝の七時から夜の八時まで開放されて、患者さんの出入りは自由です。病室を見て、気づくことはありませんか？」

看護師から、予想通りの質問が投げかけられる。病室をのぞき、窓とベッドの間の天井を見あげた。

「カーテンがありませんね」

「そうですね。事故に備えてカーテンをかけていないというのが、ほかの病棟とは違うところですね」

淡々と解説をしながら、看護師は説明をつづける。

「洗濯は、病棟内の洗濯機にて自分でしてもらっています。乾燥機もありますが、こうやって干している人のほうが多いです」

廊下の一番奥の日当たりのよい場所には、洗濯物が物干しにかけられていた。突き当たりには、外への出口に通じる階段があった。今来た廊下を戻って、食堂から見て左側に並ぶ女性病棟を見学する。

「私は男性なので部屋のなかをのぞくことはできませんが、部屋のつくりは男性病棟といっしょです。夜は、女性病棟の入り口を施錠して、男性の患者さんが入っていけないようにしています。男性病棟と同じように、真ん中の病室は畳の大部屋になっています。昔はここにも患者さんが入院していましたが、現在は集会室のように使われています」

　大部屋をのぞくと、奥の壁に着物や浴衣を着ている女性の切り抜きがいくつも貼られていた。その切り抜きと、畳に降り注ぐ柔らかな日射しのせいか、大部屋は温かな空間になっている。女性らしさを室内に感じ、心が和んでしまう。

　見学後、看護師詰め所の隣の面接室にあたしとＰＳＷ実習生は通された。そこに、精神科の看護師長さんが入ってきた。ソファに座るあたしたちに向き合って座る。看護師長さんは、優しく美しい眼差しをもった女性だった。

「精神科の看護師長を務めています。今年の四月から、初めて精神科への配属となりました。それまでは、内科病棟に勤務をしていました。精神科へ勤務したてのころは、私自身も戸惑っていました」

　精神科への勤務に戸惑っていた？　なぜ、そんなに正直に、看護師長は自分の気持ちを初めて会うあたしたちに話すのだろう。あたしは思わず、「どうしてですか？」と尋ねてしまていた。

「精神科の患者さまは、違うのだろうと思っていたからです。長年看護師として勤務していますが、そうした想いが私のなかにもあったのです。けれども、ここに勤めてみて少し変わってきました。看護の基本は、同じ。人として接するということは、同じなのです」

人としては、みな同じ。看護師長さんからの言葉を聞いても、それを学生たちに教えていても、あたし自身が「精神科は違う」と思っていたことに気づく出来事がその日の午後に起きた。

昼食を済ませた開放病棟。昼は自由に過ごすという看護師の言葉通り、病室にも食堂にも患者さんの姿はあまりない。あたしは、食堂の真ん中のテーブルで病棟の様子を見学することにした。PSW実習生は、病棟内を自由に見学して歩き回っていた。

しばらくして、PSW実習生があたしの隣の椅子に座った途端、彼は「あ！」と静かに声を上げた。PSW実習生の視線の先をあたしも追ってみた。初老のご夫婦が、看護師たちの詰め所の隣の部屋に入っていった。ちょうど入院してきたらしく、看護師たちがさまざまな荷物を部屋のなかに運び込んでいた。

「あの人。おばあちゃんの妹だ」

精神科病棟に親類が入院してきた！　PSW実習生は、ドアの向こうに見える夫婦をずっと見つめている。ドアは閉められる様子もなく、なかの様子はすべてあたしたちの座っているところから見えていた。

「どうしたらいいと思う？」PSW実習生があたしに聞いてきた。うーん……。どうしたらいいのかな？　精神科への入院。そこにいるのは患者さんとその家族。実習生とはいえ、急に親類が訪ねてきたらどう思う？　その姿を親類に見られたら、どう思う？

「少し、様子を見てみたら？」

　あたしの提案どおり、しばらくの間、ＰＳＷ実習生は二人の様子をうかがっていた。ＰＳＷ実習生の視線がご夫婦から看護師さんに向けられる。彼は立ち上がって看護師さんと少し話したあと、夫婦のいるベッドのそばに近づいていった。彼が入っていっても、ドアは閉められることはなかった。しばらくＰＳＷ実習生は「おばあちゃんの妹」と話したあと、あたしの座る椅子の隣に戻ってきた。

「内科への入院だったらしいけど、ベッドが空いていないから精神科に入院することになったんだって」

　事情を説明するＰＳＷ実習生には、何も悪びれるところはなかった。あたしは、彼に思わずこう聞いた。

「ねぇ。どうして行ったの？」

「だって、心配だったから。これが内地の病院だったら自分も行かなかっただろうし、行くのはありえないことだと思うけど。ここは宮古だから、さ」

　彼の言葉で、自分の学生に教えている「人はみな同じ」というあたしの言葉がウソだということを見抜かれた気がした。

　ここは精神病棟。でも、だからいったい何？　ここが病院であることに何の変わりもない。大切な人が入院して、親類が訪ねてきたらそれだけで嬉しいじゃない？　たったそれだけのことじゃない？

ここへの入院は、あたり前のことだよね。だって、治療が必要なんだから。

「以前、患者さまをたらい回しにしなくちゃいけないかなと思ったこともあったんですよ」

看護師長さんの言葉で我に返った。「たらい回し」という言葉に、あたしの胸の奥がうずきだしていた。ある学生から、あたしに向けられた眼と言葉を思い出す。

「あたしを、可哀想だと思わないで欲しい」

耳の奥で学生の声が聞こえると、次々と、あたしのそばに来る学生や同僚たちの顔や姿が目に浮かびだした。

新学期がはじまってすぐのことだった。その日は、新入生の学内オリエンテーションで、ゼミ担当教員が学生を引率して学内の施設見学を行うことになっていた。あたしは、和礼法室でお茶とお菓子を振る舞う担当だった。何グループかの教員と新入生をもてなしたあと、廊下の向こうから全力疾走でこちらに向かってくる大きな足音が聞こえてきた。

「せんせぇ、やっと見つけたぁぁぁ～！　ずっと探してたんだよぉ」

切羽詰まった声で、上級生があたしに訴えてきた。

「せんせぇ、助けて！　友達が大変なんだよ！」

一年前は、その子が自分自身の問題で苦しんでいた。そのときのあたしにはその子を遠くから見守るだけしかできなかったが、今はその子が友達を心配している。

あれれ、今日はあなたは大丈夫なの？　あなたに、あなたを、ではなく、あなたが心配するお友達ができたの？　何て素晴らしいことに、なっちゃってるわけ★⁉

あたしが喜んだのも、ほんの一瞬。その学生は、「友達の様子が変だ、助けてやって欲しい」、と言う。「えー？　なんであたしなの？　社会福祉の先生がいるじゃない」というあたしに、学生はきっぱりと言った。

「せんせぇじゃなきゃダメ。早くせんせぇ、いいからいっしょに来て！」

廊下で壁に斜めにもたれかかっている友人の学生をつかまえた。「男の声がする」、とその学生は言った。一人では、まっすぐに立っていることもできないらしい。

とりあえず、どうしようね。そうだ！　臨床心理が専門の教員に対応してもらおう！　学内ツアーで、プレイルームや心理実験室の説明をしている奥田健次助教授が適任だ。(13)　彼は、臨床心理士なのだから。あたしは心のなかで奥田助教授に助けを求めながら、プレイルームまでその学生を連れていった。

プレイルームに着くと、奥田助教授は新入生にていねいな説明をしていた。「奥田先生、良～い仕事してますね～ぇ！　本当にホレボレしちゃう★　この学生の後は頼みますね」、と思いな

---

(13)　奥田健次先生、桜花学園大学人文学部人間関係学科助教授、応用行動分析、行動療法専攻。「奥田健次の教育改革ぶろぐろ部」が好評。奥田助教授をはじめとする本学の学生相談室のスタッフのご尽力により、現在は非常勤であるが、女性の臨床心理士が学生相談を行っている。

がら、学生といっしょにプレイルームのなかで一通りの説明が終わるのを待つ。けれども、廊下に響く奥田助教授の声にも、学生は怯えていた。耳を両手でふさいで、かすれた声で小さな悲鳴を上げていた。

そうだ！　この学生が聞いているのは、男の「声」だった！　奥田助教授の声を聞いているだけでも、この学生は大声で叫びだしそうだ。今のこの子には、男性の臨床心理士ではきっとダメなんだ。でも、この大学には男性の臨床心理士しかいないのよ。どうしよう、どうしよう、どうしよう！

とりあえずプレイルームを出て、新入生に対しては施設説明を行わない心理学実験室に二人でもぐり込んだ。静かな場所で、あたしは学生が「座ってもいい」と言った椅子に座ることにした。カーテンで外光が遮られ、薄暗い中であたしと学生は二人で深呼吸をした。力なく机に目を伏せたままの学生に、あたしは声をかけた。

「話したくないなら、話さなくていいよ。落ち着くまで、いっしょにいるから」

それだけを伝えると、学生は「声」のことを話しはじめた。話を聞くかぎりでは、病院に行ってもらったほうがよいように思えた。とはいえ、あたしは学生の話に耳を傾けることにした。ひととおり話し終えるかな、というころには学生はあたしの目を見て話をしていた。安心したのかな？　逆にあたしのほうがほっとする。時計を見ると、すでにお昼の時間を回っていた。

「わたし、行かなくちゃ。友達が心配してる。どこにいるのかな？」

プレイルームへ向かう時点で先ほどの学生には、「話が済んだらいっしょに学食に行くから、そこで待っていて」と頼んでいた。それを目の前の学生に伝え、二人でいっしょに学食に向かう。学生は一人で何とか歩いていた。

「早退したら？」と言ってはみたが、午後の健康診断を受けると言う。「終わったら、すぐに帰りなさいね。病院にも行かなければダメよ」、とも言ってみた。しかし、結局、学生から「行く」という返事をもらうことはできなかった。けれども、学生は笑顔になっていた。

「ねぇ。どうしたら、彼女を病院につなげられるの？」

事後報告をしながら、あたしはいつも話を聞いてくれる奥田助教授に相談をした。

「まずは、ゼミの担任からご父兄に連絡をしてもらうこと。あと、保健室の養護教員に相談してみてはどうですか？　いずれにしろ、嶋守先生お一人で抱え込まないほうがいいですよ」

「抱え込む」という言葉にどこかでひっかかりながらも、まずは奥田助教授の言葉に従って、その学生のゼミ担任と保健室担当の職員に連絡をとった。とってはみたが、結局、その連絡は誰にも、大学以外のどこにもつながらなかった。

病院にさえ、連絡がつながったら……。そのときのあたしは、その学生を医療で救って欲しかった。病院につなぎ、適切な医療が提供されたらこの子も少しは楽になるんじゃなかろうか。あたしの思いは切実だった。

「たらい回し」についての経験を語る、看護師長さんの話がつづけられていた。

「ＩＣＵに勤務していたとき、気管切開をして、毎晩、『カッカッカッカッ』と声にならない呼び声で夜勤の看護師をずっと呼びつづけた患者さまがいらして。ずっとそれがつづいていたので、自分もスタッフも限界で、ドクターに『患者さまに睡眠薬を出してください。眠っていただいたら、この方が楽になられるかもしれない』と頼んだんですね。するとドクターには、『看護婦のために薬を使えと言うのか？　看るのが大変だったら、内科は三つもあるのだから、ほかに回せばいいじゃないか』と言われてしまって」

命の現場、生きるか死ぬか。このまま行けばスタッフがみんな倒れてしまう。限界ギリギリまで追い詰められた経験を語るのには穏やかすぎる声音で、看護師長さんは語りつづけた。

「でも、しなかった。患者さまに聞いたんです。『あなたはどこにいたいですか？』って。そしたら、その患者さまが『ここがいい』って仰ったんですよ」

気管切開されている患者さんが、どうやってそれを伝えたのだろう？　それを尋ねると、看護師長は優しい目をしてあたしにこう言った。

「目が動かせたんです。頷くこともできた。あなたが私たちを呼んだときに、私たちはあなたのことを親身に看護できない。それでもいいのですか？、とうかがったとき、頷いてくださったんです」

話のなかの患者さんの眼を想像する。「せんせぇじゃなければ、ダメ」と言う学生たちの眼が、その患者さんの眼と重なる。あたしの目から涙があふれた。看護師長さんは、静かに話をつづけた。

「でも、限界であることには変わりはありません。そこで、精神科のドクターに相談したんです。ドクターは、『どんなに患者が呼ぼうが、行きたくなかったら行かなくてもいいんですよ』と仰った。呼ばれたら必ず行かなければならないと思って、自分を縛っていたんですね。ドクターの言葉でとっても楽になって。結局、呼ばれたナースたちはみんな、その患者さまのそばに行った。そのとき、ナースの一人が言ったんです。『師長さんは、どうせ動かさないと思った』ってね」

素晴らしいなあ、この看護師長さん。周りのみんなに信頼されて仕事をしているんだ。どれだけ、その患者さんは安心しただろう。どれだけ、看護師さんたちは、患者さんと看護師長さんのために力をふりしぼったことだろう。

「精神病棟の配置替えで、まだ現場は混沌としています。でも、患者さんの利益を守ることは同じ。どこにいても、どんな状況であっても、患者さんを、スタッフをどう守るか。私は、そう考えています」

看護師長さんの言葉と、あたしの大学の状況が重なった。あたしが働く現場も、先がまったく見えずに混沌としている。学内のシステムを変えようといろいろな方法でもがいてはみたが、いまやスタッフ一同が限界ギリギリまで追いつめられている。でも、あたしは学生たちの利益を守りたい。職場で働く仲間といっしょに、大切な学生たちを教育する責任を果たしたい。大学教員こそ、学生たちにとっての一番の支援者なのだ。だから、あたしは学生たちのそばにいることを絶対にあきらめない。それがどんな状況、どんな場所であったとしても、あたしは、みんなのせんせぇ、でいたいから。ずっとずっと、学生たちに、「せんせぇ〜！」って、あたしを選んで欲しいから。

あたしは、学生みんなとあたしが大好きな人たちのせんせぇ、ドクター・ファンタスティポ★、なのだから。


「ティッシュ、もらえますか？」

看護師の詰め所の窓際に置かれた箱を指差して、看護師長にお願いした。その日のあたしは、いつも通りハンカチを忘れていた。あたしの突然の言葉に、詰め所にいた看護師さんたちが全員あたふたする。

「このティッシュは、ぜったいダメ」

何でやねん！、とも思ったが、看護師長はキッチンタオルをあたしにくれた。本当にすみません。恐縮しながら、あたしはかさかさと音が鳴るキッチンタオルに顔をうずめて、ちーん★と鼻をかんだ。

7 かみさまの右手――思いはグルグル、グループホーム

起床時間のずっと前。夢にうなされて、苦しむ自分を夢に見る。寝苦しさから目を覚ます。隣から聞こえてくるのは、静かに眠るサキちゃんの寝息。夜の暗闇に光る携帯電話の待ち受け画面からじっとこちらを見つめる赤い目。たぐり寄せて、ぎゅっと抱きしめる。

……ピィ。

日中に緊張がつづくと、早朝と言うには早すぎる時間にあたしは必ず目を覚ましては、眠れぬ夜を過ごす。宮古に来てからというもの、あたしは毎晩この早朝覚醒にやられていた。目を覚ましては、携帯の待ち受け画面に設定したピィの写真を指でなぞって口づける。たまっていく疲労のなかで、ピィの柔らかい羽の記憶が消えないように、あたしはずっと暗闇のなかでその温もりを探しつづけていた。

涙で冴えきった頭に、昼間の出来事がよみがえる。内地から来たばかりのドクターと研修医、宮古生まれの看護師さんと回った城辺町（ぐすくべちょう）。訪問診療で出会った精神病の患者さんたち。家の中心となる部屋に大きくしつらえられた仏壇。その日の日付とは年号も月もまったく違うカレンダー。止まった時計。たくさんのハエがたかる床の上で暮らす全盲の独居老人。右の道へ行っても左の道を通っても、同じ「西」というバス停に到着する「南」停留所。看護師さんの呼ぶ声で、

横になった青いしわしわのトランクスが起きあがる背中。ひと月に一度、肩に注入されるデポ剤(14)。診察を終えた患者さんのお宅で、町の小間物屋の店員として働く家族の表情。「わたし、ユタなの」と言って、あたしにゆっくりと近づいてきた開放病棟の女性患者。特別な力があるというその右手に心の傷をまさぐられるのが怖くて、差し出された手にあとずさりするあたし。「権利擁護」のため、生活支援員とまわった宮古の銀行の窓口で二〇三番の次に五番の札で待つオバァが呼ばれる。起きた順番とはバラバラに、宮古生活での印象的な場面が目の前でグルグル回っていく。

頭のなかで、ある場面がビデオの画面のように一時停止した。それは、八月一〇日に催された「宮古地区精神障害者地域生活サポート会議」でのことだった。「権利擁護」を利用する二〇歳代の男性の患者さんについての申し送りがされたあと、サキちゃんはあたしの顔をじっと見つめて、関係者の前でおもむろに発言しはじめた。

「最近、旅行者が福祉サービスを利用して宮古で暮らそうとする方に応対するという面倒なケースがありました」

それは、サキちゃんに前々から聞いていた事例だった。内地で社会福祉を学んだ学生が、その福祉の知識を濫用しながら精神保健福祉の関係機関を回り、現場を混乱させて再び内地へ消えた、とサキちゃんはあたしに教えてくれていた。

「あー、こないだのテレビで、宮古がひと月一〇万円で暮らせる島って放送されてたもんね。内地では宮古は暮らしやすい、癒しの楽園って思われてるんだろうかねぇ」

サポート会議に出席していた関係者の声で、その場にいた全員の視線が束になってあたしに向けられた。……そう、あたしに言われましても。

確かにねぇ、あたしも宮古に来る前に『出没！　アド街ック天国(15)』で宮古が「癒しの楽園」と放映されるのを見ていた。番組の最後では、「住めば…宮古」なんていうキャッチコピーがつけられていたっけ。そうサキちゃんに話したとき、サキちゃんは露骨にイヤな顔をして旅行者のことをあたしに話して、こう言ったのだった。

「ねぇ、せんせぇ。宮古は、癒しの楽園、ですか？」

全財産を片手に住民票も移さず宮古にやって来て、保険証なしで精神病院にかかる旅行者。単身なのか、年金があるのか、そもそもどんな医療や社会福祉の制度を使って、一文無しにまで自分を追いつめたフーテンの旅行者を支援すればいいのか。「まずはその人が暮らしていた生活拠点から探さなくちゃいけないから、本当にもぉ～、大変なんだよぉ」、とサキちゃんは嘆いていた。

言葉に詰まらされるあたし。でも、癒しの楽園へと逃げてくる、そんなナイチャーの日常って

(14)「デポ（depot）」は貯蔵庫の意味から、精神病薬を蓄積注射（注入部位にとどまる傾向のある溶媒に薬剤を混入して行う注射のこと）することにより、長期間にわたる体内への吸収が行われる。

(15)　毎週土曜日、夜九時からテレビ東京にて放映。二〇〇五年六月二五日に沖縄・宮古島が特集された。

どんなだろう？　あたしも、宮古の人たちには内地からやって来た逃亡者に見えているのかな？　あたしには、内地から逃げてきた覚えはなかった。それに、サキちゃんのアパートに居候して毎日を過ごすことで、あたしは次第に宮古での生活に違和感を覚えなくなっていた。そんなあたしを、ナイチャーである自分がふとふりかえる。

あたしが暮らしてた内地の生活って、どんなんだったっけ？

八月一五日。旧盆が間近に迫る平良市内の精神障害者のお宅へと、あたしは市の保健師とともに向かっていた。平らな宮古の地形では、車で坂を上ればすぐに至るところで海が遠くに見える。

「お盆の時期は引きずりこまれそうだから、海には絶対行かない」

日の光に霞む海面を見ながら言った、サキちゃんの言葉を思い出す。軽自動車が一台やっと通れるくらいの細い路地の奥に建つ一軒家の前で、保健師さんは車を停めた。

把握されているだけで、宮古には約三〇〇〇人の精神障害者がいる。そのうちの一〇〇人が社会福祉施設を利用しており、二〇〇人が医療を受けてはいるが引きこもりであるという。そうした方々のお宅を一日に何件も回っては、保健指導をする。そうした説明を、平良市保健センターの課長から受けていた。離島に暮らす精神障害者の保健を昔から支えてきたのは駐在保健婦制度だ

表５　宮古地区における通院医療費公費負担制度　年度別利用者数

年	平成11年	平成12年	平成13年	平成14年	平成15年	平成16年
実人数	626	587	655	628	654	743

（出所）精神保健福祉主管課長及び担当者会議資料　2005年。

表６　通院医療費公費負担制度利用者数（市町村別）

	宮古管内	平良市	城辺町	下地町	上野村	伊良部町	多良間村
実人数	743	427	139	38	45	71	23
人口割合（％）	1.35	1.27	2.01	1.19	1.38	1.13	1.65
人口総数（H17.4.1現在）	54,836	33,749	6,927	3,201	3,252	6,311	1,396

（出所）同上。

図１　通院医療費公費負担申請割合（疾病別）

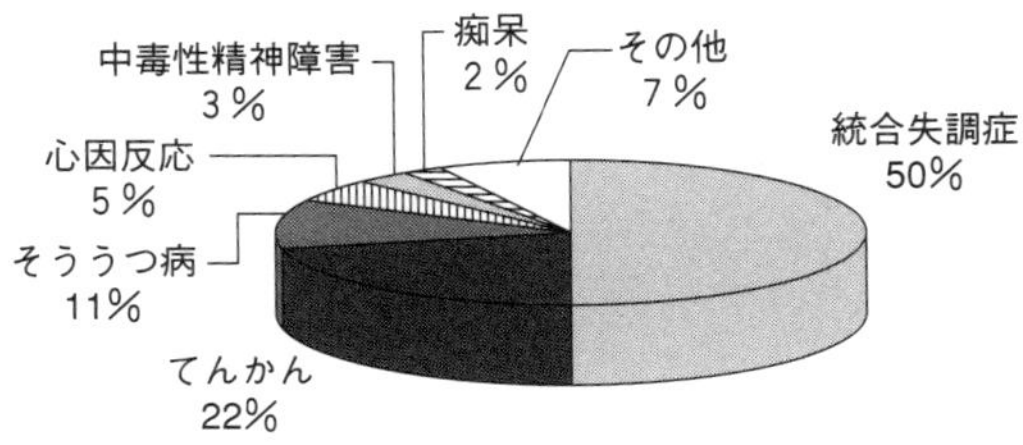

図２　通院医療費公費負担申請割合（年齢別）

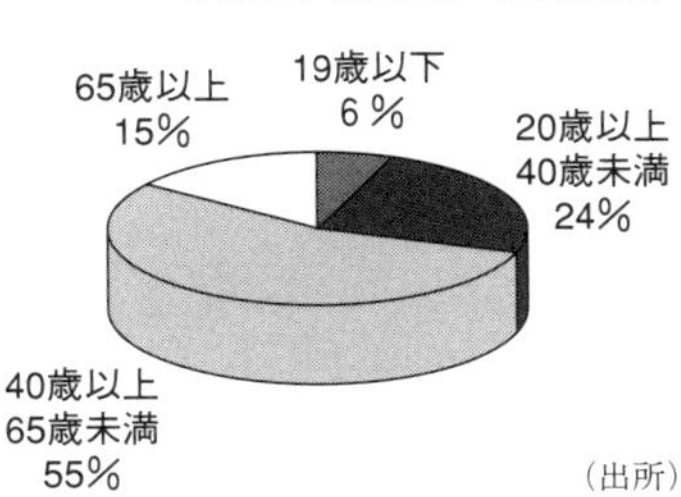

図３　通院医療費公費負担制度（性別）

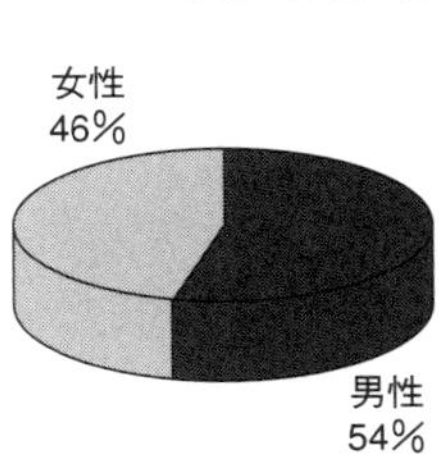

（出所）同上。

と、宮古病院で出会ったＰＳＷ実習生も言っていた。

「宮古は、保健師さんの力が昔からすごく強いんだよぉ」と言うサキちゃんの言葉を、その日の訪問に同行した保健師さんに伝えてみる。その保健師さんは、宮古病院の夏祭りであたしが写真を撮った可愛い男の子のお母さんだった。そのとき、夏祭りのプログラムのためにエイサー[16]を踊る地域の子ども会のボランティアとは別に、「こんなに小さな地元の子も、精神科のお祭りに来るんだ」と、あたしは驚いたのだ。

　車のなかで、その保健師さんの年はほとんどあたしと同じであること、写真の男の子のほかにもう一人の男の子がいること、そして、九月にオープンする精神

子ども会の踊るエイサー。伝統が次の世代に、大切に受け継がれていきます。

障害者グループホーム「スマイル」の利用窓口の担当者であることを教えてくれた。

「支援センターができて、すごく変わったさぁ。所長の、何でもやりましょうという雰囲気が大きいさぁねぇ」

若い保健師さんの宮古言葉がもつ優しい響きは、訪問で指導される利用者さんにも向けられていた。自宅であるせいか、利用者さんたちは保健師さんの顔を見ると、安心してくつろいだ柔らかい表情を見せる。訪問診療のときに患者さんたちがお医者さんの前で見せた固い表情とも、デイケアや支援センターで見たメンバーさんたちのよそ行きの表情ともまったく違う顔を見て、あたしは温かい気持ちになった。

台風のため外来にもデイケアにもずっと来ていなかった利用者さんたちの安否を確認し、現行のグループホームを訪ねた。それぞれのお部屋を三室見せていただいたあと、あたしは保健師さんとともに、その日の四時から平良市社会福祉協議会で開催されるグループホーム運営会議へと向かった。会場に入ると、支援センター所長の松川さん、社協事務局長である松川さんのお兄さん、グループホームの世話人さんのほか、宮古病院で出会った看護師長さん、そして今回新しく

（16）　エイサーとは、沖縄諸島の伝統的な盆踊りである。「Wonder沖縄　沖縄の伝統芸能エイサー」http://www.wonder-okinawa.jp/016/index.htmlでは、「主に沖縄最古の書である『いろいろのゑさおもろ』の『ゑさ』が語源という説が主に伝わっている。元来、集落の若者たちが浄土宗系の念仏歌に合わせて、各戸を踊り回る盆の行事で、その念仏踊りがエイサーの前身であるといわれている」と説明されている。

入居予定の利用者さんの看護を担当する看護師さんがすでに机を囲んでいた。そのあと、その日に利用者さんのお宅をいっしょに回った保健師さんと、利用者さんのご家族の方々が席に着いた。

居室の間取りがホワイトボード一面に書かれると、入居予定の方についての申し送りがされた。現在のグループホームに入居中の三名のほかに、新規一名の利用が予定されていた。家賃は、平良市の生活保護の住居手当限度額の三万二〇〇〇円。個室で新築だけれども、礼金敷金はない。談話室の備品も社協によって準備され、あとは布団さえ持ち込めばすぐにでも生活できるという。

予想される心配事を出席者がそれぞれ口にしはじめたそのとき、途端に会議が重い空気に包まれた。保健センターの保健師さんが、ご家族に何度も同じ言葉を繰り返した。

「急にね、アパートとかで一人で生活してもらう

Column　駐在保健婦制度

沖縄における医療の特徴の一つに、保健婦の地区駐在制度がある。1942年、沖縄県が保健婦設置規定を制定し、保健婦の養成が本格的に始まった。1951年には、公衆衛生看護婦による駐在保健婦制度が設けられ、マラリア、フィラリア、結核、性病、ハンセン氏病等の伝染病対策に力を発揮することになった。

駐在保健婦制度は、精神医療においても精神科医や病院の不足を補い、地域医療において多大なる役割を果たしてきた。駐在保健婦たちは、各市町村や保健所の援助を受けながら、家庭訪問、巡回診療、精神保健相談、家族会などの自助組織の育成やデイケア等を行ってきた。この駐在保健婦制度は、1997年の地域保健法全面施行によって廃止された。

よりも、世話人さんとかここにいるスタッフがねぇ、何かあったときにサポートできるグループホームで独り暮らしの練習をしたほうが安心じゃないかね」

保健師さんの言葉を打ち消して、どんどん強くなる声音が響いた。声の主は、新規入居予定者のお兄さんだった。「夜中に酒を飲み、暴れたらどうするんだ」とお兄さんは声を荒げ、威嚇し、会議に参加する関係者の誰の言うことにも耳を貸そうとはしなかった。

「病院ではね、六月頃からドクターから退院の話が出ていました。これまでの一年の間ずっと看てきましたが、療養中から社会的入院の状態になっていました。もう退院して、グループホームで十分やっていけると思いますよ」

この看護師長さんの言葉で、お兄さんはさらに逆上して大声を張りあげた。

「あんたらと面接中の顔と家族の前じゃ、あいつはまったく違うんじゃ！　うまいことばっかり言うんじゃ！　人をだますのが本当にうまくて、俺はあいつに何度も何度も裏切られてきた。お前らに、あいつの一体何が……」

興奮して声を涙で詰まらせるお兄さんの言葉に、あたしは不思議な気持ちを感じていた。頑強に現状を受け容れることを拒み、これまでの悪行を並べ立て、利用者さん本人をけなせばけなすほど、このお兄さんは「あいつを愛せるのは俺だけの特権だ」と叫んでいるように聞こえた。言葉にならないお兄さんの言葉の続きが、あたしの頭のなかで「声」になる。

俺が一番、あいつのことをわかってる。俺は、あいつの面倒を誰よりも長くみてきた家族だ。お前らに、あいつをとられてたまるか！

とりあえず進展しない議論を中断させて、会議の出席者みんなで新しいグループホームの下見に出かけることになった。新しいグループホームのすばらしさを口にする松川さんの言葉が、社協の白いバンに乗り込んだ人々の顔と言葉を期待で満たしていく。もちろん、先ほどのお兄さんを除いては。

グループホームに到着して車から降りる。グループホームの白い壁、遠くに見える宮古の海、そしてそこにいる人々の顔を薄オレンジ色の光が優しく照らしていた。居室に入ってなかの備品（ベッドやエアコン、冷蔵庫までピカピカの新品で全部揃っている！）を確認する関係者たちの向こうで、現在グループホームに入居している利用者さんの家族は、窓にかけるカーテンの寸法を見るために持参のメジャーで窓の高さを測りはじめた。そんな様子をよそに、先ほどのお兄さんは居室に入らず、庭の芝生、裏の空き地、隣家を確認してから、二階の通路で海を眺めていた。穏やかな波のように、お兄さんの瞳は涙でキラキラと反射している。

グループホーム「スマイル」の外観。

グループホームを遠くからだけ見ているお兄さんといっしょに、あたしも居室に立ち入らず、お兄さんの顔をずっと見つめていた。お兄さんの顔がだんだん優しくなっていく。照れくさそうなスマイルで、グループホームを見つめている。それは、独り暮らしのために自分の手からその子どもを巣立たせようとする親の顔だった。これまでずっと育ててきたという責任感を少しずつ手放す決意と安心感が、横顔いっぱいに満ち満ちている。

あたしの視線に気づき、お兄さんはにっこりとあたしに微笑んだ。そして、「あいつには贅沢すぎだ」とお兄さんは、満足げにそう小さくつぶやいた。

ああ！　ここにＰＳＷがいてくれたら！　これから先の未来に期待して、不安な気持ちに寄りそえるＰＳＷがいてくれたのなら！　宮古にはデイケアとサキちゃんのほかにＰＳＷはいない。だから今、ここにＰＳＷがいることはできない。

しかし、あたしは思った。なんて、素晴らしいんだろう！　利用者さんに「支援」をしながら寄り添った上にやって来る、こうした瞬間に何度も立ち会うことがＰＳＷにはできるんだ。宮古では看護師さんが担当しているけれども、生活のための利用者さんへの「支援」はＰＳＷの業務だ。なんて素晴らしい仕事を、精神保健福祉士はできるんだろう！

あたしの目の前に、サキちゃんをはじめとした精神保健福祉士や社会福祉士として巣立っていった卒業生たちや、今現在、社会福祉を学んでいる学生たちの顔が次々と浮かんできた。そのときはじめて、現場で働くソーシャルワーカーを教育できるというあたし自身の幸せが胸いっぱいにあふれてきた。

「で、あのお兄さんはどうなりましたか？」

八月一九日。松川さんの実家での送り火にあたしとサキちゃんはご招待を受けていた。松川さんのご家族と囲むお盆の席で、あたしはグループホームで出会ったお兄さんのことを松川さんご兄弟にうかがっていた。

「利用者さん、グループホームに入居することになったよ」

「お盆のあとはきび刈りで忙しくなるから、お医者さんと話をするならその前に」、と言っていたお兄さんを思い出す。ひとまずはよかった。しかし、これからどうなるかはわからない。でもきっと、なんくるないさー（どうにかなるさ）、やってみれ。あたしはみなさんの幸せを祈って、心のなかで手をあわせた。

さて、宮古の宴は長い。長い長い、長い！　酒もご馳走もたいらげた松川家のみなさんは、夜の一〇時半をすぎると支援センターの松川所長の結婚式のビデオを見はじめた。若いご夫婦二人を囲む結婚式の一人ひとりの臨席者について、ご家族は口々に感想を述べていく。このときはまだ、もちろん生まれていない松川さんのお兄さんのお子さんについてのことや、ビデオに映されたすでにお亡くなりの方々との思い出までご家族は懐かしげに語りあっていた。

結婚式の最後の画面に、出席者全員で踊るクイチャー(17)が映し出される。地域で少しずつ違うけれども、宮古の人なら誰でも踊れるという繁栄を祈る踊りだそうだ。その様子に、あたし自身の結婚式を思い出していた。あたしの結婚式では、最後に桜踊りを踊った。新しい家族が暮らす地域の人々が手にした桜の枝のトンネルを、あたしは完全に面食らいながらくぐって挨拶をしたっけ。

飲みすぎたオリオンビールの酔いで、あたしはたまらず吐き気をもよおした。残念ながら胃潰瘍の苦しみで挫折したあたし自身の新婚生活の苦々しい思い出がこみあげてくる。居心地の悪さを最大限に感じたあたしに、松川さんの声が響いた。

「そろそろ、送ろうかねぇ」

「はい。今日はごちそうさまでした。ありがとうございました」

しまった！　と思ったときにはもう遅かった。風習を無視したあたしの勘違いの言葉に、ご家族の方々の動きが止まった。

(17)　クイチャーの「クイとは『声』、チャースは『合わせる』の意味」で、「主に雨乞いを中心に豊年祈願や労働の喜び、良いことがあった時などに踊られてきた宮古島の伝統的な民俗芸能」である。「腰や上体を上下動させる宮古島南部中心の様式と、歩く動きを基本とする北部の池間島中心の様式と、踊り方に違いのある2つの様式」があるが、「基本は円陣を組み手拍子と足踏みをして」、「豊穣を祈る歌、雨乞いの歌、恋人への思いを込めた歌、生活や労働の喜び、苦しみなどを歌った歌など」を歌う（City Do! 沖縄 http://www.citydo.com/okinawa/column2.htmlを参照）。

送られるのは、あたしじゃなくてご先祖さまだっつーの！

ご家族は、仏壇からさとうきびの枝や数々のお供え物を下ろし、盆の宴に出席した客のお土産にと包みはじめた。そのうちのいくつかの食べ物はアルミホイルにくるまれた。そして、この日には不在だった松川さんのお兄さんのご長男の代わりに、ご次男が仏壇にうず高く積まれた打ち紙をねじってこよりにして火をつけた。

「こうすると、よく燃えるんだよ」

松川さんがあたしにそっと教えてくれた。あの世で使われるお金の煙が、盆に訪ねてきたご先祖さまをあの世まで無事に導いてくれるという。さとうきびの杖をついて、ご先祖さまは家族に見送られて、あの世に帰るのだ。

アルミホイルに包まれた食べ物を家の門の前にお線香とともに供え、家族全員が手をあわせて黙祷をした。こうして、ひととおりの儀式が終わった。松川さんの奥さまが、あたしとサキちゃんに声をかけてきた。

「では、お送りしましょうね。今日は、遅くまですみませんでした」

両手いっぱいのお土産をいただいた申し訳なさ以上に、観光客としても恥ずかしすぎる無知さで、あたしは気まずい気持ちのまま松川さんの実家を後にした。帰りの道すがら、車で通りすぎたお宅の門前では宮古の人々がロウソクの光のなかで静かに手を合わせている。

「あたしはきっと、宮古では暮らせないね」

帰宅して冷たいさんぴん茶をのどに流し込み、二人でしゃがんだ台所の床で、あたしはサキちゃんに告白した。松川さんのお宅で感じた気持ち、あたしの結婚生活、そしてピィのこと……。

サキちゃんはすべてを聞いたあとで、静かにこう聞いた。

「せんせぇは、宮古で暮らしたいですか？」

「うーん。あたしは宮古が大好きよ。出会った人たちも、畑のさとうきびも、松川さんに連れていってもらった海も、認知症で『きれい』ということがわからなくなってもきっと忘れない。でも、生活するにはここの風習がある。嫁の役割を放棄してしまったあたしでは、家族や先祖を何よりも大切にする宮古の生活はたぶん苦しくて生きていけないと思うよ」

サキちゃんは、あたしの言葉に残念そうにこう言った。

「また来てください、せんせぇ。逃げたくなったらすぐ、いつでもここに。あたしはせんせぇを待っていますよ」

八月二二日。「持って帰って」とサキちゃんが手渡してくれたアパートの家の合い鍵を鞄に入れ、あたしはあたしの家族が待つ内地へと帰った。

精神障害者の生活支援って、どんなことだと思う?

第3章

超★特急、そして陽はまたのぼる
——二〇〇五年・冬、PSW実習研究調査の巻——

1 時は過ぎて、ハッピー・クリスマス！
——再会、そしてメンバーさん一人ひとりの、それぞれの変化

一二月二〇日。ＫｉｎＫｉ Ｋｉｄｓの新曲『ＳＮＯＷ！ ＳＮＯＷ！ ＳＮＯＷ！』（秋元康作詩、伊秩弘将作曲、二〇〇五年）の発売を次の日に控え、期待いっぱいのあたしは大親友のたみチャンと二人で、東京に向かう新幹線のなかにいた。大学時代からずっとたみチャンと二人で観つづけてきた芝居『アラカルト』[(1)]を観るためにである。その前日のナゴヤは、五八年ぶりという大雪に見舞われていた。あたしはひざの下まで降り積もった雪に脚をうずめながら、非常勤先の大学へと年度末最後の講義のために苦労しながら向かった。しかし、その次の日は新幹線のダイヤの乱れもまったくなく、定刻に発車した車内であたしはゴキゲンに歌っていた。

「すのぅ〜、すのぅ〜、すのぅ〜、むりょくな〜、雪よ〜♪」

携帯電話の着メロで先行配信されていた曲のサビの部分だけを繰り返すあたしに、真顔のたみ

チャンが窓の外に目を向けたまま静かにつぶやいた。

「でもさ。雪が無力なんて、絶対ウソだよね」

前日のテレビで幾度となく報じられていたのは、降り重なった大雪の重みで屋根が抜け落ち、一人で暮らしていたお年寄りがその下敷きになって死亡し、同地区に自衛隊が出動することになったというニュースだった。

そんななか、あたしの日常は何も変わらず、観劇のあとに羽田空港から宮古へと向かう。「季節を変えて実習に来たほうがいいよ」と言うサキちゃんのすすめ通りに、あたしはクリスマスイブから宮古でのPSW実習研究を再開することにしていた。

お互いの近況報告をしたあと、大晦日にたみチャンに連れていってもらうことになっているキンキ・コンサート、そして今回の上京で初めて行くことになったジャニーズ・ショップで何を買うかなど、他愛のない話に花を咲かせていると、もうすぐ新幹線が新富士駅に到着するという車内アナウンスが響いた。

「今日は富士山、見えるかな？」

（1）青山円形劇場プロデュース『アラカルト～役者と音楽家のいるレストラン～』演出：吉澤耕一、構成：白井晃、台本：高泉淳子、音楽監督：中西俊博。一九八九年初演。二〇〇五年で一七回目の公演となった。料理のメニューのア・ラ・カルトのように、数々のステキなお芝居が客席の目の前で展開される。あたしは、これまでに何度もバラの花をペギーに渡してきました。

二人で身を乗り出して窓の外を見る。上京するたびに、そのときどきの新幹線の車窓から富士山が見えるかどうかで、その後の時間がステキになるかどうかをあたしはいつも占っている。その日の静岡は晴れ。目の前に、真っ黒い三角の山がぬっと姿を見せた。

「あれが、富士山?」

たみチャンと二人、顔を見合わせた。冬には、必ず山頂が雪で薄化粧をする。八王子の女子高校に通ったあたしは、冬のあいだは毎日、そんな富士山を廊下の窓から当然のように眺めていた。思い出の富士山とはまったく違う目の前にある雪のない山を見て、あたしはとても驚いてしまっていた。

「雪がないと。……なんだか富士山じゃないみたいだね」

あるはずのもの、いや、あるべきものと勝手に思いこんでいるものがない。同じ山であるのに、雪がないというだけで富士山ではないと思ってしまう、あたし自身の勝手な違和感。でも、富士山はそこにある。雪があってもなくても、それは変わらない。

あってもなくてもそれでいい。違和感はそれ自身の問題ではなく、それをもってしまうその人の問題。そんな不思議な感覚を、メンバーさんたちの生活の問題に取り組む精神保健福祉を担う人たちの活動のなかで実感する出来事が、冬の宮古でのＰＳＷ実習研究の期間中に起きた。

「しまもりさ〜ん!」

四か月ぶりに会ったセンターのメンバーさんが、プログラムなどそっちのけであたしに大声で呼びかけた。その日は、メンバーさんたちと知的障害者の授産所である「アダナス」の利用者とのクリスマス交流会だった。その交流会で、あたしは宮古に新しくできた精神障害者作業所の代表者に会うという。

「超パワフルですよ、なんだかうまく言えないけど。でも、謎なんだよね」

久しぶりに会ったサキちゃんは言葉を濁して多くを説明しないので、会場に向かうセンターの車のなかで松川さんに尋ねてみた。

「新しい作業所は、どうなんですか？」

「わからんー。もうちょっと、やるのにも周りと連携をとらないとね。今日のこ

Column　アダナス（アダナスみやこ学園分場）

筆者が訪れた「アダナス」とは、正確には「アダナスみやこ学園分場」である。知的障害者通所授産施設「社団法人みやこ学園」の施設利用対象者は、知的障害者で療育手帳所持者である。定員は59名で、うち40名がみやこ学園内、19名がアダナスみやこ学園分場である。活動内容は、以下のとおりである。

学園内	①室内班10名	主に箱折り、ビーズ細工など
	②園芸班20名	ビニールハウス内での園芸、委託先での苗木の植え替えなど
	③出向班10名	行政からの委託による庁舎や公園内の清掃

アダナスみやこ学園分場班19名　　パンの成形、パンの袋詰め、配達など。

＊ p.150の写真右に写っているのが「アダナス」のパン。とても美味しく頂きました★

とも、メンバーが話をもってきたから」

いつもは宮古の優しい言葉で話す松川さんが、新しい作業所についてては標準語のイントネーションであたしに答えた。やはり、多くは語らずに会場の前であたしを車から降ろして、センターに戻ってしまった冷ややかな松川さんの様子に、「会えばわかるから」と言ってアパートからあたしを送り出したサキちゃんの「行ってらっしゃい」という声が重なる。

とりあえず、途中から参加した交流会自体は何の問題もなく進行した。「利用者が初めて、交流会をやりたいと言って、自分たちで企画してくれたんですよ」と、「アダナス」の職員さんはあたしに嬉しそうに説明をしてくれた。その職員さんがクリスマスを演出するテーブル・コーディネイトの方法、お茶のたて方、コーヒーのおいしい入れ方を説明し、メンバーさんたちも実際にやってみた。

「やりたくな～い」と言いながらも、順番を待てずにしびれを切らしたメンバーの女の子がトイレに立った。並んでいた列からはずれて、一九八〇年代のアイドルさながらの振り付けで歌う女の子は、窓のそばで誰もいない外に向かって一人静かに独語をつづけていた。

そんな様子から、あたしは夏の実習とは格段に違う彼女自身の嬉しい変化に驚いていた。夏の

「アダムス」のクリスマス・テーブルコーディネート。コーディネートはこうでねぇと★

彼女はデイケアに置かれた休憩用のベッドのなかで一人、周りにはまったく目もくれずに手鏡に向かって口汚い悪態をつきつづけていた。その彼女が今、あたしの目の前で自分から茶筅を握ってお茶をたてている。そのお茶に対して職員は、「なんだか濁って、よどんでる」と言った。当然のように、メンバーさんたちの取り組みに対する優しい評価を期待していたあたしは、その言葉にがっくり来てしまった。授産所の利用者のお茶に対しては、あんなにほめたのに！

途中、所在なく入れ替わり立ち替わりメンバーさんたちは喫煙所に席をたってはいたが、交流会はつつがなく終了した。指示に従いつつも交流会の間中ずっと、職員や授産所の利用者にメンバーさんたちは自分からひと言も口をきくことはなかった。

「今晩、ドイツ村[2]に行く？　花火があるよ」

背が高く、いつも左手に黒いリストバンドをはめている若い男の子のメンバーさんの彼女があたしに話しかけてきた。夏に出会ったときには、あたしの隣にずっとただ座っていただけの彼女が自分からあたしに話しかけてきた。彼女は、彼と二人で夏のＰＳＷ実習研究のあいだには「別れる」と言っていたほかのメンバーさんのカップルの仲をとりもったのだと、あたしに報告をし

（2）　宮古島市上野村にある「ドイツ文化村」のこと。一九八五年、上野村の「沖合で台風のため座礁したドイツ商戦のロベルトソン号の乗組員を救助したことから、その博愛精神を後生に受け継ぐため」「またその縁を深めることと友好関係を築くため」に建設された。上野村はドイツのシュターデ市と姉妹都市関係にある（http://www.vill.ueno.okinawa.jp/を参照）。

た。その別れを回避したカップルといっしょにデートをするのだ、と嬉しそうにしゃべりつづけている。そのメンバーさんたちにもすごく会いたいし、行きたいなー、とも思ったが、あたしは正直にサキちゃんと交わしていた約束を告げて、お誘いを断ることにした。

「ううん、行けない。今日はサキちゃんとクリスマスをお祝いするのに、ブルーシールのアイスケーキを二人で食べる約束をしてるんだ」

交流会に参加したメンバーさん全員と喫煙所で話していた輪のなかに、新しい作業所の代表者がいた。腕を組んだその人を中心にして、等間隔に距離をとりながらメンバーさんたちはそれぞれにタバコをふかしている。先ほど、ドイツ村にクリスマスデートをしに行くと教えてくれた若いカップルに、代表者が悠然と話しかけた。

「二人は結婚しないの？　二二歳だよね」

しばらくの沈黙。そのあと、「あははー」と困ったように二人は笑った。現在、その彼も彼女もデイケアを利用している。まだ療養中の身だ。そんな二人が、どうやって結婚して生計を立てていく？　いつも二人はいっしょに行動し、同じ香水をつけたりと本当に二人の仲は良さそうだけれど、付き合って半年でもう結婚を考えられる？　二人は代表者の言葉にあっけにとられたように代表者を見つめたまま口を開かなかった。

動揺するあたし。何も答えない二人のほうが、よっぽど冷静だ。会話の流れをこわすために平然を装いつつ、あたしはすでに知っていた彼らの年齢にふれながら「あー、まだ二二歳なんだー」

と言った。あたしの言葉に、二人は安心したように笑った。

それ以上には結婚の話を進めず、代表者は別のメンバーさんに「島袋さん」と呼びかけた。代表者さん、交流会のあいだからずっと親しげに呼んでいるその名字は残念ながら不正解！　何も答えないメンバーさんに、あたしはその人の名字で呼びかけた。にっこりと、あたしに笑ってメンバーさんは返事をした。ギョッとした顔をして、代表者はそそくさと施設のなかに立ち去った。

交流会を終えたメンバーさんたちが次々と帰宅していく。「告ったのに、きもち、無視する」と会の間中ずっと言われつづけていた二枚目メンバーさんの車の助手席に、交流会で歌い踊っていた女の子のメンバーさんが頬を赤らめて座っている。皿拭きを手伝いながら、「管理栄養士の資格をとって、完璧なお母さんになる」とあたしに言った表情とは明らかに違う、大好きな男の子を想うトキメキが車を見送って手を振るあたしにも伝わってきた。

何だかステキなハッピー・クリスマスだね。若いって、いいなぁ★

施設の玄関の階段で、一緒にセンターに戻るというメンバーさんと二人並んで座り、松川さんのお迎えを待っていた。あたしがその人の名字を呼んだとき、にっこりと笑って答えてくれたそのメンバーさんは、夏のＰＳＷ実習研究では超高速スピードであたしに話しかけてきたその人だった。今は総合体育館の隣に移転したという作業所「若葉」に通いながら、職親（しょくおや）さんのところに通っている。メンバーさんは、一度であたしが聞き取れる速さで、嬉しそうに教えてくれた。

「最近は、怖いニュースが多いね」

メンバーさんがあたしに話しかけた。

「えー、どんな？」

「子どもが殺されたりとか。山は怖いのかなぁ？」

夏には、作業所「若葉」に通っていることと自分の名字だけしか名乗らず、にっこりと笑っていただけのメンバーさんがその年に起きたニュースのことまで自分から話していた。さらに、「山は怖い」という自分なりの分析まで付け加えて、あたしに言葉を伝えてくれていた。

Column　精神障害者の就労（職親）

日常生活を営むにあたっては就労が欠かせないが、精神障害者が働こうとするとき、「病歴を開示すると一般企業ではまず雇ってもらえないという実情がある」（精神保健福祉士養成セミナー編集委員会『精神科リハビリテーション学』2001年）。精神障害者本人の職場適応や定着に関連する援助、就労生活維持のための援助のため、精神障害者授産施設、精神障害者福祉工場あるいは小規模作業所での福祉的就労の場がある。宮古では小規模作業所での就労訓練の後、ハローワークを窓口とした事業所で一定期間の訓練を受けることで就職の準備を行う精神障害者ジョブ・ガイダンス事業や厚生行政の社会適応訓練事業（いわゆる職親制度）を利用することになるが、その事業所は2005年時点で４か所しかなく、一般就労になかなか結びつかないという現状がある。

「すごいよ、すごい！　最初に会ったときには速すぎて何を言われてるのか、まったくわからなかったのに。あたし、ちゃんとあなたが言ってることがわかるよ！　それも、いっぺんに全部わかるよ！　すごいよ、本当にすごい！」

あたしの言葉に、メンバーさんはこれまでで一番いい顔で笑った。植木の手伝いからはじめ、一〇月からはきび倒しを職親さんのもとでつづけている。会えなかったたった四か月のあいだにメンバーさんは福祉サービスを利用し、働いていくための大きな一歩を踏みだしていたのだった。

帰宅したあたしは、交流会や新しい作業所の代表者の様子、そしてそれぞれのメンバーさんの変化についてさっそくサキちゃんに報告した。大きすぎて、二人では食べきれないとあきらめたブルーシールのアイスケーキの代わりに、「サンエー」であたしが選んだクリスマスのチョコレートケーキを居間のテー

冬のさとうきび。刈り入れはもうすぐです。

ブルで二人でつつきながら、あたしはサキちゃんに質問した。

「ねぇ、サキちゃん。宮古ではさぁ、付き合って半年くらいしたら結婚しろって言うのは普通なの？」

若いカップルに結婚をすすめた新しい作業所の代表者の様子を話すと、サキちゃんは怒りながら、あたしにではなく台所の流しに向かって小さくどなった。

「もぉ～！　あおらないでください」

「だよねぇ。で、どうなの？　こっちの人って、すごく若いうちから結婚して、すぐにパパやママになっちゃうでしょう？」

「いや、人によるんじゃないですか？　そもそも、そんなことは言いません」

「そうだよね。安心したよ、それが聞けて」

新しい作業所の代表者さんが二人に結婚をすすめたとき、あたしはとても腹を立てていたのだった。どうして、二人の結婚だというのに他人が口を出すんだ？　結婚するかどうかを決めるのは、二人だろうに。そもそもメンバーさんの名前すら覚えてもいないのに、メンバーさんが暮らしている生活状況をどこまであの代表者さんはわかってみえるんだろうか？　しかし、あたしが一番腹を立てていたのは、代表者さんといっしょにいたときにメンバーさんが一人も笑っていなかったことだった。

サキちゃんに八つ当たりをしてもしかたがないので、あたしはサキちゃんのアパートの居間に並べられた布団に二人で横になり、眠りについたその夜。サキちゃんが持つセンターの携帯電話の呼び出し音が鳴り響いた。「主治医が変わりそうだから、病院を変えたい」と訴えるメンバーさんの声が、受話器ごしにかすかに聞こえてきた。

「一度病院を変えて、すぐ宮古病院に戻して周りにすごく怒られたでしょう？　どうせ明日は日曜で動けんから。今は真夜中だから、クスリを飲んだほうがいいんじゃないの？」

五分ほどで終わった電話相談のあと、携帯電話の時計を見ると深夜一時三〇分だった。

「最近、服薬を中断してるから調子がよくないいんじゃない？」

布団に戻ったサキちゃんは、電話をかけてきたメンバーさんが自分で飲んでいる薬が何なのかを調べようとしていることを教えてくれた。

次の日の朝九時、センターの携帯電話の呼び出し音が鳴り響いた。別のメンバーさんの名前を呼ぶサキちゃんの声で、あたしはノートを開いてサキちゃんの言葉をメモしていった。クリスマスにやっている映画が何かを、メンバーさんはサキちゃんに尋ねている。「新聞を見たら？」とすすめるサキちゃんの言葉から、二人の会話が徐々に展開してゆく。

「焦ってやらないほうがいいよ。……人によるんじゃないかな？　ちょっと環境が違うんじゃないかな。自分のことを考えなさいって言っても、自分で感じないと。二〇代くらいの人とか、まだそこまで行ってないとわからないと思うさ。生きていくことは大切だけど、強要はできないさね」

優しく話しつづけたサキちゃんの電話は、四〇分くらいで終わった。

「おつかれさま」と声をかけると、電話をかけてきたメンバーさんについてサキちゃんは、「元気って言ったくせに、全然元気じゃない」と小さくつぶやいた。布団に寝ころび、「うーーん」と伸びをしてサキちゃんはお得意の「ロジック」をはじめた。外では、子どもがはしゃぐ声が響いている。

「冬休みだから、子どもの声がしますね。田舎ですから。本土では、子どもが外で遊ばないキャンペーン中なのに」

「キャンペーン」かぁ。相変わらず、面白いことを言うなぁ、と感心するあたしを横に、サキちゃんはたびたびかかってくるメンバーさんからの電話相談に台所で膝を抱えながら熱心に耳を傾けている。

サキちゃんとメンバーさんたちの声に耳をそば立てて、脱力しながら一日を過ごした次の日。生ぬるい一二月の曇り空の風のなかを自転車にまたがったサキちゃんと二人、あたしは四か月ぶりに地域支援センター「ひらら」に向かった。

到着してしばらくすると、松川さんからセンターの職員全員に資料が配付され、朝のミーティングがはじまった。そこから、制度やサービスによって守られることを選ばない、メンバーさんたちの力を考えさせられる出来事が起きた。「あるべきもの」がなくても、その人はその人として生きていくということを、あたしは初めて知ることになった。

2 金銭管理が権利擁護？——しょうがいしゃの皆サマの、自立の問題

「あと三日で今年もセンターの業務が終了します。おつかれさまでした。来年もよろしく」

松川さんの挨拶のあと、その週のセンター業務の予定が確認された。まず、一二月二六日には宮古病院でのケース会議に参加する。次の日の二七日は、作業所「やすらぎ」でのグランドゴルフ交流会。そして、年内最後の二八日は、支援センターの大掃除のあとに年忘れの鍋交流会が催されることになっていた。

「こんなにあったかいオキナワでも、冬は鍋を食べるんだね」

センターに来る前に、センターで催されたクリスマス会で鍋パーティをしたというサキちゃんの言葉にあたしは妙なところで驚いていた。「宮古の鍋って、どんなの？　やっぱり本土とは違う、変わった具材が入ってるわけ？　正月にみんなで集まって祝うときには、沖縄の人は鍋がごちそうになるの？」と質問を重ねるあたしに、センターに向かうために二人で乗りこんだタクシーのなかで、サキちゃんは一つずつていねいに答えてくれていた。

「沖縄でも、鍋は食べますよぉ。でも、正月のごちそうにはやっぱり、せんせぇがお盆に松川さんの実家で食べたちらし寿司とか刺身、中身汁なんかを食べたりするけど。家によってまちまちです。鍋は本土で食べるような普通の鍋ですよ。メンバーさんはあんまり家族と鍋を囲んで食べ

てきた経験がないから、鍋をするとみんな喜んで盛りあがるんですよ」

ふーん、そうなんだぁ。何だか、冬の宮古は本土とさして変わらないことにあたしは拍子抜けしていた。スーパーの野菜売り場に行っても、本土で普通に見るような野菜しか並んでいなかったのだった。夏にはカボチャによく似たナンコウで煮物をつくったら、サキちゃんもセンターの宮国さんも、「普通、ナンコウは細かく切ってツナの缶詰と炒めるのに、煮たの？」と、すっごく驚いていたけど。

サキちゃんとのやり取りを思い出しながらセンター会議に同席していると、その日の宮古病院でのケース会議で議題となる利用者さんの話になった。配布されたプリントには、こう記されていた。

普通免許の取得を目指していたのに、祖母の車を無免許で運転し逮捕、罰金刑となる。金銭面でも障害年金（二ヶ月十三万円余）は全て自分で遣い、入院費やバイクのローン、携帯料金、家賃などは叔父や祖母が尻拭いする状況。周りにお金などで迷惑をかけているとの意

これがナンコウ。包丁で切るとカボチャに似ていますが、炒めて食べるんだそうです。

識が乏しく、障害年金は自分のものだから自分の思い通りに使うのが当たり前との意識。そのため、次の年金支給日までのお金がない時にイライラ感が高まり、室内の物を投げつけたり箪笥などの物にぶつけたりの行為がひどくなる。また起きるのが昼過ぎで夜は遅くまでバイクで出かけているという、やや昼夜逆転の生活。外来受診を時々守れずに薬を切らし、イライラが高まる状況も度々とのこと。

「自分のペースでグループホームで暮らしていて、周りの言うことを聞かない。自分が一番と思っていて、大人になりきれない。社会生活もとぼしい。でも、本人の心構えで変わっていくと思います。今日のケース会議は金銭、服薬、昼夜逆転が中心の話し合いで、支援センターもかかってほしいということもあるかもしれませんので、よろしく」

松川さんの言葉のあと、そのほかのメンバーさんたちの状況についての申し送りがつづけられた。裁判で多額の遺産相続をすることになったメンバーさんの生活保護が、今後切られることになるのかどうか。また、棚原さんが携帯電話でメンバーさんから受けた相談が報告された。そのなかで、ユタの親戚がメンバーさんに伝えた言葉は特別なものではなく、メンバーさんが暮らす日常的な生活の一つの場面としてセンター職員への申し送りとなる。

議題が、センターに勤務する精神障害者の職員の話題になった。体調不良による欠勤で、事務所内にはあたしがPSW実習研究を行った夏にも冬にも一つ空席があり、あたしはセンターではいつもその職員さんの椅子に座っていた。「休暇中でもときどきは利用者とふれあうために来所したい」という本人の意向に宮国さんは顔をしかめ、棚原さんは声を荒げた。

「ここでのメンバーへの個人的な支援はストップしてもらいたい。ほかのスタッフの支援や、コミュニケーションがストップされるんですよ。メンバーは、彼が『同じ病気をもってるから、わかる。あんたたちは病気やってないから、わからない』って言う。彼が言うと、メンバーにとっては一〇〇パーセントオーケー。あとで説明しようとしても、受け容れてもらえなくなる」

棚原さんの言葉に松川さんが静かに答えた。

「仕事でやる場合には指摘できるけど、私的な個人的付き合いまでは言えないさね」

松川さんの言葉になおも食い下がる棚原さんに、宮国さんも抗議を含んだ表情で松川さんを見ている。

「メンバーが振り回される」

ため息とともに吐き出された棚原さんの言葉を受けて、松川さんは「本人の自覚を高めながら、やってもらいたいと思います。ほかに報告あります?」と、その話題を締めくくった。

その後、二九日の年忘れ交流会のための鍋を注文する店とその量を決めて、大掃除をどのように行ってメンバーさんたちに何をどのように頼むかなどが話し合われ、一月のセンターの行事予定が確認された。サキちゃんが行う「こころの健康講座」、一月二七日に開催されるセンターの設立三周年を記念するグランドゴルフ大会について、その同時期に宮古の多くの地区で始まるき

Column 「こころの健康講座」

地域生活支援センター「ひらら」で開催される「こころの健康講座」では、「クスリはなぜ飲むの??!～クスリとうまくつきあうヒント～」といった服薬指導や、「自分のカラダは健康かな??!～ちょっとだけ、ふりかえって考えてみよう　住民検診に向けて～」というテーマで健康のセルフチェックを行いながらの保健指導などが行われている（両テーマとも、2005年8月実施）。

Column ものつくり教室

地域生活支援センター「ひらら」で開催される「ものつくり教室」では、センター職員の宮国千枝氏が講師となり、キミコ方式による絵画教室や携帯ストラップつくりなどが行われている。筆者が参加した「カボチャつくり」のメンバーの感想は、「一人一人の個性が出たな～と思う。案外きようなんだねー、とかいう部分も見れたし…」「よかったさ～、ちょっと疲れたけど」だった（地域生活支援センター機関誌『マシュマロにゅーす』2005年10月号）。

び刈りの多忙さをふまえたうえで、どのように交流会を開催していくのかが議論されていった。最後に、次の宮国さんによる「ものつくり教室」でメンバーさんと何をつくるか、そして正月に職員の誰がいつセンターの白い犬たちの面倒を見るかを決めて会議は終了した。

事務所に戻ると、週末にサキちゃんがセンターの携帯電話で主治医を変えるかどうかについて相談を受けていたメンバーさんの話題になった。サキちゃんの報告を受けて、サキちゃんの前に電話相談を担当していた棚原さんもほかの職員に申し送りをした。

「自分が電話をとったときには、四日間風邪で寝込んでいたさね。『薬について、主治医に相談したら?』と言ったら、イヤと言った。主治医の先生が冗談で、『自分が太ってるから、あなたも太ってきたからやせている先生に主治医を変わったら?』と言った。誰かがアドバイスすると、すべてを鵜呑みにしてしまうところがあるから」

棚原さんの言葉を受けて、サキちゃんは周りのスタッフに確認をとる。

「保健センターに電話したほうがいい? 電話をかけてくる時間が真夜中になってるんだよね。前は、九時くらいだったんだけど」

夏に、グループホームの件であたしがお世話になった保健師さんに「聞いたほうがいい」という同意を受けて、サキちゃんは電話をかけた。メンバーさんの名前を出して連絡をしようとしたけれど、あいにく担当者は不在だった。サキちゃんは保健センターのそのメンバーさんの担当者の名前を自分の「お仕事ノート」に日付とともにメモをとり、センターの機関誌『マシュマロ』

地域生活支援センター「ひらら」に飾られた「ものつくり教室」の作品

アップで見ると、漁業で使われる浮きにサンタクロースの可愛い絵が描かれています。

の記事をパソコンで作成しはじめた。その横で、先ほどの主治医を変えることを考え、深夜の電話相談をかけてきたメンバーさんについて棚原さんが話しつづけていた。

「先週も、四日くらい薬を抜いてるんですよ。血糖値が上がったというので、薬を飲むのをやめちゃったさね」

そのメンバーさんは、宮古病院での実習で会ったときにあたしに向かって、「顔のいい人は嫌い。顔がいいと、すぐに浮気するから信じられない」と言った。入院した恋人のそばにいたいという一心で調子を崩し、同じ病院に入院したそのメンバーさんは血液検査で血糖値が上がっていることをお医者さんから知らされた。看護師の詰め所でメンバーさんが診察を受けていたのを見学していたあたしだけでなく、主治医の先生にもメンバーさんは繰り返しこう言った。

「恋の病は終わりだ。今は糖尿病だ」

そのあと、メンバーさんは嫌いであるはずのあたしに、自分が内地ではドラッグストアに勤めていたことと、そのとき二億円ほど稼いで貯金をしていたことを切々と語った。

一一時になるとセンターで一人で過ごしていたメンバーさんがカラオケをしはじめた。曲は『青春時代』（阿久悠作詩、森田公一作曲、一九七六年）。確かに、二〇歳そこそこに見える青春真っただ中のメンバーさんが歌うその曲の音程は、何だかかなり外れて定まらない。そんな調子に、「道に迷って、いるば～かり～♪」という歌詞が重なって、あたしはさらに脱力、苦笑しつつ、心のなかでそのメンバーさんにつっこみを入れていた。

迷ってるのは「道」にではなく、どっちかって言うと君の音程さね〜ぇ★

センターの隣にあるゲーム喫茶で、サキちゃんといっしょに五五〇円の「ポークたまご」でランチを済ませたあと、あたしは松川さんの運転する車に乗り込んでグループホームに向かった。午後のケース会議で本人の意向を確認し、その後の対応を考えるという利用者さんを迎えに行くためだった。

松川さんが利用者さんに声をかけに行っているあいだ、あたしはグループホーム周辺の様子を確認していた。四方に民家が密集して建ち並ぶグループホームの隣は、夏に訪れたときには空き地だった。しかし、再び訪れたその場所にはプレハブの学習塾が立っていた。なかがまったくのぞけないほどに覆われた学習塾の窓を見て、あたしはその日の朝に見たセンター会議の資料の内容を思い出していた。

グループホームの周辺の住民から、向かいの学習塾に石を投げたり（本人は否定）、女生徒をじっと見つづけ

グループホーム「スマイル」の庭から撮影。今は、残念ながら違う場所に移転してしまいました。

ている、真夜中にバイクの音を響かせて帰ってくる、などの不安や迷惑を訴える声があがる。

周辺住民から不安や迷惑の声をあげさせているというグループホームの利用者さんは、ひげも剃らず、明らかに寝起き姿で居室から出てきた。毛深さと終始伏し目がちな瞳のせいで、黒くぬうとした出で立ちだった。

その利用者さんをよく見れば、それはただの色白の若い男の子だった。

その利用者さんが車に乗り込んだ後、車は宮古病院に向かった。開放病棟の相談室で、関係者が集合するまでのあいだ、食堂から手を振ってくれていたセンターのメンバーさんにも手を振り返さずに、あたしはその利用者さんをずっと見つめていた。利用者さんは、しきりに手のひらで前髪を額になでつけて、おでこから鼻をこすっている。

会議には保健所と市の保健センターの保健師さんや看護師さん、利用者さんのおばあさん、とおじさん、松川さんのほか、そして数年遅れとなったが無事に次の春には卒業することになった利用者の学校の担任の先生が参加した。松川さんが、次々と利用者に質問を投げかけた。

「生活で困ってることは？　ちゃんと寝てる？　イライラすることはある？　通院は？　薬は飲

んでる？　手帳は？」

ほとんどが「イエス」か「ノー」で答えられるいくつかの質問を、利用者さんをせき立てるように矢継ぎ早に松川さんはしつづけた。それは、たくさんの人に囲まれて強いストレスを感じさせる会議の場から利用者を一刻も早く退去させて、利用者さんの負担とならないようにするための松川さんなりの配慮だった。

その結果、利用者さんは毎日深夜二時くらいに寝て、一〇時過ぎに起きる生活を送っていること、だいぶ前に行ったという救急外来でもらった三日分の薬を飲んだきり薬を飲んでいないこと。すでに、精神障害者保健福祉手帳も期限が切れてしまっていること、九月に入院したあとには病院の診察歴がないことがその日に開催された会議の参加者たちに知られることになった。

Column　精神保健福祉障害者手帳

1995年の「精神保健および精神障害者福祉に関する法律（精神保健福祉法）」第45条により法定化された精神障害者の手帳制度。精神保健福祉法第５条で定義される精神疾患を有する者（知的障害者は含まれない）であって、精神障害のために長期にわたり日常生活または社会生活への制約のある者を対象としている。

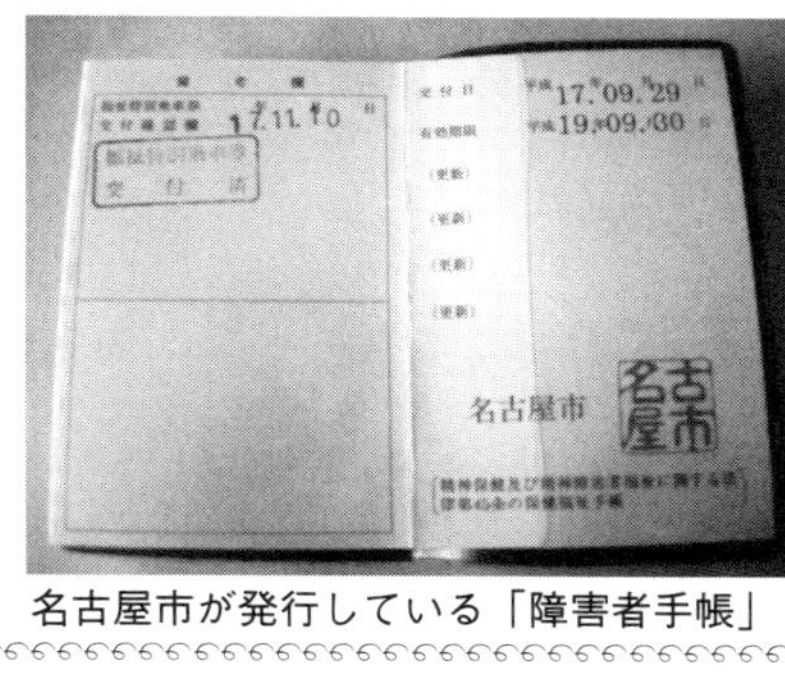

名古屋市が発行している「障害者手帳」

松川さんの質問に答えるたびに、どんどん利用者さんの分が悪くなっていく。そんななか、利用者はさらに手のひらで前髪を額になでつけて、おでこから鼻をこすりつづけていた。

話題が利用者さんの金銭管理の問題になる。市の保健師さんが、利用者さんに「権利擁護」(3)の制度についての説明をした。松川さんが利用者さん自身の意向を確認しようと利用者さんに声をかけた。

「『権利擁護』を使うのか使わないのか。その気持ちで対応を考えるから。『権利擁護』は、欲しいものを買うためにお金を計画的に使えるように利用することもできる。先のこともそうだけど、今回のこともあるから。今は考えられないか？」

「今は考えられない」とうなずく利用者さんに、金銭管理という「権利擁護」の制度を使うかどうかを松川さんは何度も確認しつづけた。結局、「権利擁護」を使うという返事が利用者さんの口から出ることはなかった。

「最後に基本的な問題だけど、グループホームにいることについては問題ない？」

松川さんの問いかけにようやく口を開いた利用者さんが、会議での気まずい雰囲気をものともせず満面の笑顔で答えた。

「一階の畳の部屋に移れる？」

利用者の言う「一階の畳の部屋」とは、居住者の共同スペースとして利用される談話室であり、居住スペースではもちろんない。「問題ない？」と聞く松川さんの意図は、おそらく「今、君が起こしている問題の大きさがわかっている?」ということのようにあたしには思えた。「自分は、居室よりも広い畳の部屋に住みたい」という希望を伝える利用者さんの予想外の答えに会議の参加者の視線はさらに厳しくなり、松川さんは当惑した表情を見せた。

利用者さんの言葉に、そのおじさんがあからさまに怒りをあらわにし、声を荒げた。

「そんな部屋に移ってなんか、欲しくない! 部屋だって、ベッドを外してもらって畳と同じはずだ。おじさんがグループホームに勝手に入れたと思ってるかもしれないけど、入ったときにはお前も納得したはず。だから、家賃も私が払うことを当然だと思わず、自分で払うようにして欲しい。見通しがあって返すのだったら、貸すことなんていくらでもするんだから、お前の心がけとちゃんとした返事をしてくれれば……」

おじさんの言葉を受けても、利用者さんはやはり前髪を手のひらで額になでつけて額から鼻をこすっている。

とりあえず、病棟の待合室で会議が終わるのを待つようにと松川さんに言われ、利用者さんは相談室の外に出ていった。おじさんが憎々しげに、松川さんに言う。

「本人がちゃんとするように、圧力をかけてもらうことはできないんですかね」

静かに誠実に、そしてきっぱりと松川さんは答えた。

（3）　地域福祉権利擁護事業のこと。詳細は、五六ページのコラムを参照。

「変われるかどうかは、もう少し待ってください」

会議の出席者はそれぞれの面持ちで松川さんの言葉を聞き、関係職員たちは今後の利用者さんへの対応方針を確認しはじめた。業務内容の分担として、まずは期限が切れた通院医療費公費負担制度の利用と障害者手帳については保健所の保健師さんが確認をとり、外来については看護師さん、本人が希望しているという就労についてはセンターの職員、診療に定期的にかかれるようにするための利用者さんへの声かけと見守りはグループワークの世話人さんと松川さん、そして「権利擁護」利用についての利用者さんへの説得は市の保健師さんが急いで行うことになった。

会議を終えると、利用者さんとあたしを車に乗せて松川さんはセンターに車を走らせた。

「山城さんとハローワークに行ってもらうから」

松川さんの言葉を聞いて、利用者さんの表情は途端に笑顔になり、ようやく利用者さんは松川さんに嬉しそうに話しかけた。

「先生が、あんな風に言ってくれるなんて」

どうしようもないやつ。言葉にされなくても、明らかにその利用者さんをそう扱う家族に対して、たった一人、学校の先生だけは利用者が期日通りにレポートを提出できたこと、そしてきちんと学校を卒業できるという彼の頑張りを切々と訴えつづけていた。

「会議の前には本人と二人で話をして、『権利擁護』を使うって言ってたんだけど。自分には専門知識がないから直球で勝負するしかないさね」

「本人の自覚を待つ」という直球を関係者に常に投げつづける松川さんは、そうあたしにそう耳打ちをして利用者さんに笑顔で答えた。

「よかったさねぇ。先生は君をほめてたさぁ」

センターに車が到着すると松川さんは、サキちゃんと棚原さんに利用者さんをハローワークに連れていくように指示を出した。その間、あたしは喫煙所に座る見覚えのあるメンバーさんの顔に真正面からあたしの顔を近づけて、「おぼえてる？　さやかだよ」と笑いかけた。

それが、「宮古島の聖子ちゃん」と自分を名乗るメンバーさんだった。

宮古島の聖子ちゃんは、夏にあたしに初めて会ったとき、あたしを遠くから見るだけで、あたしの言葉も無視して、遠巻きににらんでいただけだった。しかし、何かの拍子にあたしの名前が松田聖子の娘と同じ名前であるということを彼女は知った。すると、大の松田聖子ファンである彼女はそれがとても気に入ったらしく、あるとき突然、

「さやか、ともだち、していい？」

と聞いてきたのだった。再会したあたしの「さやかだよ」という言葉に、いつもは口をとがらせて、きつい目で人を見返す宮古島の聖子ちゃんは満面の笑みを浮かべて、あたしを見つめ返した。その聖子ちゃんに、「あとでね」と声をかけ、あたしはサキちゃんといっしょに、利用者さんをハローワークに連れていく棚原さんの車に急いで乗り込んだ。

ハローワークで利用者さんのすぐ隣の椅子をすすめられたので、あたしはそのすぐ斜め後ろに

椅子を置き、利用者さんに寄りそうように座った。松川さんが同行しなかったことで、利用者さんはとても不安そうな顔をしていた。その利用者さんの顔を見つめると、宮古病院の相談室からずっといっしょにいたあたしにすがるように利用者さんが見つめ返してきたので、「あたしが利用者さんのすぐそばにいれば、利用者さんの不安が和らぐかもしれない」と思ったからだった。

内地の「大学の助手」という肩書きが記された名刺を見たハローワークの職員も、やはりあたしに、「宮古は癒しの島でしょうが、就職は本当に厳しいんですよ」と笑顔で柔らかく言った。その後、毎日の起床時間、希望する勤務時間帯や職種についての質問が利用者さんへとハローワークの職員からされることになった。しかし、質問をされても利用者さんは自分では答えない。質問されるたびに、利用者さんは隣に座っているあたしの顔を見る。あたしは、ずっと黙ったままのサキちゃんの顔を見る。その様子を見かねた棚原さんが、利用者さんへの質問の答えを職員に伝える。それを何度も繰り返した。

利用者さんの生活態度を確認したハローワークの職員は、利用者さんをまっすぐに見つめてこう言った。

「まずは、ちゃんと働くために生活をきちんとしないと。朝もきちんと起きて、髭も剃って身なりもきちんとしないと。一〇時から六時までいきなり働くといっても、今のままではつづけていけないよ。ガソリンスタンドで働きたいということだけど、免許はもっているのかな?」

センター会議で配られたプリントの文字が、あたしの頭に浮かんだ。

普通免許の取得を目指していたのに、祖母の車を無免許で運転し逮捕、罰金刑となる。

これを利用者本人の目の前でハローワークの職員に言えば、ガソリンスタンドで働けるかもしれないというチャンスをすべて利用者さんから奪うことになる。そうなったら、今、利用者さんが働こうとしている意志はどうなる？

じっと動かない利用者さん。利用者さんを見つめるあたし。痛いところをつかれた、と困った顔をする棚原さん。そして、無表情のサキちゃん。……沈黙。

「今、とっている最中です」

口を開いたのは棚原さんだった。その言葉を受けたハローワークの職員は利用者さんを優しく見つめて、利用者さんに声をかけた。

「じゃ、まずは免許をとらないとね。ガソリンスタンドでは車を移動させたりするから、免許がないとできる仕事は少ないよ。あと、農業はしたくない？」

そこで利用者さんはようやく口を開き、小さな声でハローワークの職員の質問に答えた。

「農業は小さいときの経験で大変なことを知ってるから、やりたくない」

「そうかね。じゃ、とりあえず登録の書類に記入をしてもらえるかね？」

書類を見ても、利用者さんは戸惑っていた様子だったので、あたしは利用者さんに職員からさし出された書類への記入の仕方をサポートすることにした。サキちゃんは、じっと利用者さんを見ている。

書類の記入を終えて、ハローワークから帰る直前、棚原さんはハローワークの職員に支援センターで「就労するために必要なこと」についての講演を依頼した。まだ何も決まってはいないのに、

「これで働ける。金が入る」

と、利用者さんはうれしそうにそうつぶやいた。

「働く以前の問題でしょ。彼は、まだそこまで行ってない。彼はデイケアにもセンターにも来てないし」

センターでのその日の業務を終えて、サキちゃんの家の台所であたしがつくったハンナバーとツナの炒め物とゆし豆腐、そしてやはりサキちゃんが炊いた五穀米と押し麦のごはんで夕食をすませたその晩、サキちゃんはおもむろに口を開いた。「やっぱり、サキちゃんはずっと黙ってたね」と言うあたしの声を聞きながら、台所でひざを抱えて座りこんだサキちゃんはつづけてこう言った。

「うん。前にほかのメンバーさんを安易に『権利擁護』につなげたことがあって、そのメンバーさんをつぶしちゃったんだよね。結局、そのメンバーさんは権利擁護をやめちゃった。自分のお

金は、自分の好きなように使いたいからって。そして、そのメンバーさんは自分からつぶれていっちゃった」

この話は、宮古にあたしが来る前から何度も何度もサキちゃんから聞いていた。そのメンバーさんが入院してしまったことも、本人の顔も生活態度も、サキちゃんの話だけでなくデイケアであたしがそのメンバーさんと出会ったことでも知っていた。どうにもならないという後悔なのだろう。サービス提供が終結した今でもサキちゃんは自分を責めつづけている。

黙っているサキちゃん。沈黙をこわさず、サキちゃんが次にしゃべることをあたしは待っていた。サキちゃんは話をつづけた。

「だから、今日もハローワークで利用者さんに何もしなかった。気づいて欲しいんだよ、利用者さんに。自分がどうしなければいけないのかって。だから、何も言わないし、しないんだ」

「ねぇ、サキちゃん」

サキちゃんが上目遣いであたしを見る。サキちゃんは、あいかわらず台所でひざを抱えて座っている。隣の部屋の布団の上からサキちゃんを見つめて、あたしは問いを投げかけた。

「ねぇ、どうして金銭管理が『権利擁護』なんだろうね？」

「それは、ほかの人にお金を預けたらトラブルになるし」

サキちゃんの答えに対して、あたしはさらに次のように問いを投げかけてみた。

「それはそうだけど。ねぇ、生活保護って、いつ本人がどんな状態で受給することになる？」

少し考えて、静かにサキちゃんは次のように返答した。

「それは本人にお金がなくて、親にもお金がなくて申請する」

「だよね。ということは、本人に『自立』しようという意識がないところから扶助がはじまるんだよね」

サキちゃんは黙りこんだまま、あたしのつづきの言葉をじっと待っているようだった。そのサキちゃんをふすまごしに見つめて、ゆっくりと、静かにあたしは言葉をつづけた。

「『権利擁護』は、確かに本人ではない人が本人に代わってお金の管理をする。でもさ、もうそれがなければ生活できないし、お金を本人が自分で使わなくてもいいっていうお年寄りにはそれでいいのかもしれない。けど、若ければ自分のお金は自分の好きなように使いたいって思うのが当然じゃない？　たしかにそのメンバーさんは、自分の好きなようにお金を使って、周りに迷惑かけまくって、体を壊してつぶれていったのかもしれない。周りに流されて、『権利擁護』を使うことにしちゃったのかもしれない。でも、『権利擁護』をやめるって決めたのは、本人なんじゃないの？

制度を使うことではなくて、やめるっていうことを、やっと自分で選んで決めたんじゃないの？　サービス利用の継続だけが、うまくいくっていうことじゃないと思うよ。『権利擁護』が必要だと本人がまた思うことがあったら、そのときにまたサポートをすればいいじゃない？　制度を使っても使わなくても、本人にとっては、今回のことはそれでよかったんだと思うよ」

サキちゃんは黙って考え込み、やはりずっとひざを抱えたまま座り込んでいた。静かな夜が、二人を優しく包み込む。優しい時間。窓の外では、宮古のあたたかい冬の雨がずっと降りつづいていた。

3　しょうがいしゃ（せいしん）の皆サマの、ある冬の宮古での出来事
――カラオケ、薬、宮古島の聖子ちゃん、グランドゴルフ編

一二月二七日、朝の八時五〇分。曇り空のあたたかい風をセンターの宮国さんに借りた自転車で突っ切って、サキちゃんといっしょにセンターへと到着。鍵を開け、サキちゃんがセンターの喫煙所となる椅子とテーブルを玄関から運び出した。いつもより、センターの建物寄りに椅子とテーブルを並べた。独り言のように、「今日は雨が降りそうだから」とサキちゃんはあたしに言った。センターの白い犬たちにサキちゃんがエサをやりはじめたとき、センター長の松川さんが出勤してきた。事務所の入り口で、今日の分の「センター利用者来所表」をファイルにとじこみ、松川さんはパソコンで文書を作成しはじめると、静かにセンターの一日がはじまった。

センターの喫煙所のテーブルセットを外に出すサキちゃん。

事務所に戻ったサキちゃんが、その前日に届いていた『日本社会福祉士会ニュース』に目を通してから、正月のためにセンターに飾る絵に赤い油性ペンで色を塗りはじめた。門松と獅子舞が黒い線で描かれたその絵には、「二〇〇六年　あけましておめでとう☆」というサキちゃんの文字があった。宮古島の聖子ちゃんの名前を口にしながら、「ぬり絵をしてもらおうと思って」と、サキちゃんがつぶやいた。

センターのドアが開く。昨日、カラオケで『青春時代』を歌っていた男の子のメンバーさんが来所した。前日は水色と紺色のジャージで起き抜けそのままに来ていたのだが、今日はベージュのトレーナーに黒いジーンズに着替えてきていた。

「おはよう。今日はちゃんと着替えてきたね」

タバコを吸おうとセンターの外に出ながら声をかけるあたしに、メンバーさんは真っすぐ向き直って上目遣いにニヤリと笑った。

事務所に戻ってくると、サキちゃんはネットで「無免許運転」についてのページを見ている。パソコンをのぞきこむあたしに、サキちゃんは

「状況がわからないと、わからないことに気づきました」

と静かに言った。それ以外は言葉にされなかったので、サキちゃんが何をあたしに伝えようとしていたのかは、あたしにはわからなかった。けれど、「権利擁護」や「本人主体」について話し込んだ昨晩からずっと黙って考え込んでいたサキちゃんは、どうやら何かに気づいたようだっ

た。気づいたことが何なのか、あたしはやはりわからなかったが、あたしはじっとサキちゃんを見つめていた。

一一時、センターのカラオケタイムがはじまった。やはり、調子っぱずれのメンバーさんの声が響く。事務所の窓から、あたしはそのカラオケの様子をずっと見ていた。たぶん、ドリカムの『うれしはずかし朝帰り』（吉田美和作詞作曲、一九八九年）を歌っているのだろう。その歌声に耳をふさぎたくなるというのでは決してなく、「次の音程はどんな道筋をたどるんだ？」とわくわくさせられてしまう。聞き惚れることはぜったいにないが、聞き入らさせられてしまう。そして、やはり予想通りに外れる音程に、朝帰りなんかしなくても聞いているほうが『うれしはずかし』、ハッピーな気分になる絶妙（？）な歌いっぷりだ。

演奏が終了する。採点が画面に表示される。その得点はなんと！

九〇点。

「えーーーーーっ！？　それはぜったいに、ありえな〜〜〜いっ!!」

と、あたしは思わずつぶやいた。その背後にいたサキちゃんがあたしに、

「カラオケの採点は、謎」

と言った。採点結果に驚いてまん丸になったあたしの目を見て、松川さんも笑って言った。

「彼はカラオケの機械に好かれてるさね。こっちがやってみても九一点までしか出ないのに、彼がやると九四点とか出してる」

メンバーさんは、うれしそうに笑ってうなずきながらカラオケのリモコンを左手に握りしめ、マイクを持った右手でさらに歌いつづけた。曲は、加山雄三の『蒼い星くず』（岩谷時子作詩、弾厚作作曲、一九六六年）。確かに、君の歌声は「光ぁってるぅ〜〜〜♪♪♪」

ランチをすませてセンターに戻ると、棚原さんが宮国さんにセンターの携帯電話にかかってきた相談の内容を伝えていた。それは「主治医を変える」と訴えて、「飲んでいる薬を調べる」と言っていたメンバーさんのことだった。

「二年前を、完全に今と思い込んでいる。ナースが勝手に家に忍び込んで、注射器とインシュリンを持ち出したっていう妄想が出てる。警察に電話して、主治医の先生が処方した薬を薬剤師に全部調べさせて、『○※■△』(4)が含んでいるから、薬事法違反だ』って怒鳴ったらしい。別の先生の診断で、その先生が『主治医の先生はわかっているのに、そんなことをするなんて』と言ったのとで、完全に思いこんでる」

「○※■△」？　それが薬の名前だということはわかったが、どんな薬なのかをあたしは知らなかった。事務所の席のうしろにあった本棚に目を向けると、『心の病気の薬がわかる本』（中河原通夫著、法研、二〇〇〇年）という一冊の本があった。とりあえずその薬について調べようと急いでその本を手にとって、ページを開いてみた。そこには、その薬の商品名と一般名しか書かれておらず、「糖尿病を悪化させる」といったような副作用についての記述は何も示されてはいなかった。

しかし、そのときのあたしは薬についての知識を単純に増やすことよりも、そのメンバーさんのことが気にかかった。昨日、宮古病院の相談室で「権利擁護」の利用についてのケース会議を終えてセンターに戻る直前にたまたま見かけたその電話相談のメンバーさんの顔を思い出していた。メンバーさんは真っ白い顔をして、目の下に真っ黒い大きなくまをつくり、白衣を着た病院のスタッフに囲まれていた。すぐ近くにいるあたしには目もくれず、やつれきった顔をしてそのメンバーさんは立っていた。

夏の実習で、血糖値が上昇していることを主治医の先生がそのメンバーさんに告げたとき、メンバーさんの主治医のお医者さんは診察のあとで、「前に治療をしている最中に、持病の糖尿病を悪化させてしまったんですよね」と、あたしに言った。そのメンバーさんは、ある日突然、救急で宮古病院にかつぎこまれてきたそうだ。主治医のお医者さんによる救命のための措置の結果、

（4）　薬の名前。その薬の副作用について調べたところ、その薬と血糖値の上昇は無関係ではないということ。また、知人の医師に尋ねたところ、このケースのような患者さんにも厳重な管理の下、投与することがあるということがわかった。しかし、「それを本に書くことで、本当にご本人がその薬を飲むようになるの？」と逆に聞かれ、その薬品名や副作用については本書では具体的に示さないことにした。

メンバーさんは糖尿病の治療のためにとても苦しい思いをすることになった。どうしてそうなったのか？　あたしがその経緯を詳しく聞こうとしたとき、お医者さんの言葉を聞くたびに立ち歩き、立ち歩いてはまた説明を聞くためにお医者さんのところに戻ってくるそのメンバーさんに、お医者さんは何度もていねいな説明を繰り返していた。それは、あたしにとっては非常に辛抱強い行いに見えた。

そのお医者さんは、診察中は患者さんの話を聞き、優しく言葉を返しながら冷静な目で患者さんを見ていた。ほかにあたしが見ていたお医者さんの診察風景と決定的に違ったのは、患者さんの顔を見ており、患者さんが目の前に座っているときにはカルテに最小限のことしか書き込まないことだった。その違いは、そのお医者さんの診察を見学する前に、別のお医者さんが患者さんの顔の代わりに、カルテと病院に置いてある薬のリストしか見ていなかったのを見ていて気づいたことだった。

カルテばかりを見ながら診察をしていたお医者さんに、その患者さんは「以前に三回も自殺しようとしたことがある」と言った。「農薬を飲んだとき、本当に苦しかったけれど、何とか息をしようとしていたら鼻の穴がずいぶん大きくなってしまったのだ」、とも言った。そして、治療のための薬を飲んだことで「三〇キロも体重が増えた」とお医者さんに言っていた。カルテの記入を済ませたお医者さんは、最後にやっとその患者さんにこう言った。

「三〇キロ？　それはすごいね。大丈夫。今度は薬を変えたから、そんなに太ることはありませんよ」

患者さんの顔を見て、そのお医者さんが返した言葉はそれだけだった。その診察の様子を見ていたことで、「精神科のお医者さんが患者さんの話を聞かなかったら、誰がちゃんと話を聞いてくれるのよ！」とあたしはどうしても怒りを抑えることができなかった。

別の機会に糖尿病の治療に苦しむことになったメンバーさんの主治医であるお医者さんの診察を見学することになった。このお医者さんは、患者さんの顔を見て診察することをどう思っているんだろう？　どうしても知りたくて診察を終えた先生に、あたしは嫌味をこめてこう言った。

「先生は、診察中にカルテを書かないんですね」

このとき以外に見かけたときには優しい表情を崩さなかったそのお医者さんは、あたしの言葉に対して憮然としてこう言った。

「顔を見るときにはカルテなんて書けないでしょう？　二つのことは、いっぺんにはできない！」

その後、お医者さんは病棟の食堂に出ていった。その前日は、宮古病院の夏祭りだった。お祭りには、そのお医者さんの奥さまとお子さんがみえていた。食堂でそのお医者さんが来るのを待っていた数人の患者さんたちが、「先生」と嬉しそうに声をかけてそのお医者さんを取り囲んだ。自分の腕をそのお医者さんの両腕にからめた二人の患者さんが、食堂に置かれたホワイトボードのところまでお医者さんを先導した。そのホワイトボードには、患者さんたちが書き込んだ前日の夏祭りについての感想がいくつも書き込まれていた。自分が書いたコメントを患者さんが指さすと、お医者さんはそれを声に出して読み上げていった。その姿を、うれしそうに患者さんたちは見つめていた。

「先生の奥さんはきれいだねぇ。先生の子どもは、とっても可愛いねぇ！」

患者さんの言葉に、お医者さんは笑ってこう言った。

「子どもはとっても可愛いけど、奥さんの見方はいろいろあると思うよ」

その言葉を聞いて、患者さんたちはとてもなごんだ表情で笑った。そのとき、お医者さんを中心にして病棟の雰囲気が一気に明るくなった。

二時前。作業所「やすらぎ」[5]での交流会のために、センターに来所していたメンバーさんと職員がセンターの車に乗って会場まで移動した。作業所の前には広い芝生があった。そこには作業所の職員と主に城辺町（ぐすくべちょう）で暮らす作業所のメンバーさんのほかに保健所の保健師さん、平良市の保健センターの保健師さん、デイケアのＰＳＷである宮国義美さん、そして宮古島の聖子ちゃんがいた。作業所の建物からは、グランドゴルフの終了後にみんなで食べるというヤギ汁のいい匂いが漂っている。

開会宣言のあと、チーム分けをした。サキちゃんはセンターの職員とは別のチーム。あたしは棚原さんと宮国さん、宮古病院のＰＳＷの宮国義美さん、そして作業所「やすらぎ」の若い男性メンバーさんとのチームでグランドゴルフをすることになった。

あたしには運動神経がない。鈍いとか悪いというのではなく、たぶんそもそもまったくないのだと思う。ナゴヤの精神病院のデイケアで輪投げをしたときも、あたしは輪っかをピンに入れることができなかった。ピンまでは一メートルくらいしか離れていないのにもかかわらず、だ。

そんなあたしがグランドゴルフ。「できないよぉ！」とサキちゃんに言うと、「大丈夫ですよぉ。てきと

（5）　沖縄県宮古島市城辺字西里添七八三。電話・ＦＡＸ：〇九八〇（七七）七八〇〇。平良清栄所長。活動内容は農作業ほか。

Column　宮古病院の夏祭りプログラム（2005年8月11日開催）

司会：古波蔵先生（精神科医師）＆仲村渠（病棟看護師）

18:00〜　開会の挨拶
18:05〜　家族会会長挨拶　みどりの会会長…平良恵信
18:10〜　盆踊り（前半）
①宮古四季音頭　②桜音頭　③あぐがぱな・どぅすがぱな　④あしびなー　⑤かなさんどー
18:30〜　宮古病院院長挨拶…病院長：恩河尚清
18:40〜　余興
1）三線披露：宮古支庁　三線クラブ
2）まつりっこ：平一小　野球部
3）こどもエイサー：学童ちびっこらんど
19:10〜　盆踊り（後半）
19:30〜　張水のクイチャー
19:45〜　花火（デイケアメンバーが打ち上げ花火担当）
19:55〜　閉会の挨拶…実行委員長：島尻清

ーにやればいいんです」という返事がかえってきた。

元バスケ部で、運動神経はかなりあるサキちゃんからのアドバイスを受けての第一打目。自分でもほれぼれするような空振りのあと、もう一度あたしが打ったボールがたどった道筋は、それはもうひどいものだった。そんなあたしに、棚原さんは打ち方と角度を打つ番になるたびに一つずつ教えてくれた。そのおかげで、「ワンホールのために何回打ってるんだよ」というほどボールをたたいたが、どうにかワンホールずつボールをカップに入れていった。

そんなあたしの横で、宮古島の聖子ちゃんはずっと、

「さやか、せいこ、すき～？」

と話しかけつづけていた。宮古島の聖子ちゃんが利用しているデイケアの宮国さんに、「グランドゴルフしないなら、邪魔しないように向こうで待ってなさい」と言われると、しばらくはあたしから離れて向こうに行ったかと思うと、またあたしに近づいてきては、

「さやか、せいこのなんのきょくが、すき～？」

と、繰り返し聞いてきた。

「『マイアミ午前五時』（松本隆作詩、来生たかお作曲、一九八三年）とか。『赤いスイートピー』（松本隆作詩、呉田軽穂作曲、一九八二年）なんかが好きかな」というあたしの言葉を聞くと、宮古島の聖子ちゃんは急にその場からいなくなった。

「あれ？」と思っていると、宮古島の聖子ちゃんはその手に古いＴＤＫのカセットテープを持って、あたしのところに戻ってきた。

「さやか、これ。あたしが、つくった」

　手渡されたカセットテープのレーベルの裏を見ると、松田聖子の代表的な名曲の名前が書き込まれている。それは、宮古島の聖子ちゃんが好きな曲を自分で編集し、いつも車で聞いているというカセットテープだった。あたしにそれを見せると、宮古島の聖子ちゃんは満足げにそのカセットテープを持って自分から作業所の建物へと歩いていき、その前に置かれた椅子に静かに腰かけた。

　宮古島の聖子ちゃんの質問攻撃を受け終えたあとでも、あたしのグランドゴルフはまったくの絶不調だった。しかし、あたしの気持ちがダメになりそうなときには、「大丈夫。きっとできるよ！」と熱烈に励まし、ボールがカップに入れば満面の笑顔で、「すごい！　本当に良かったね！」と、一緒にグランドを回った「やすらぎ」のメンバーさんはあたしといっしょに喜んでくれていた。二人のデートさながらに、懸命にグランドゴルフに取り組むあたしを熱のこもった目でじっと見つめながら。

　ゲームが終了し、順位がやすらぎ作業所の所長から発表される。第一位は、デイケアの宮国さん。景品を受け取るために、参加者の拍手に迎えられた宮国さんが前に出る。宮国さんの笑顔を見ながら、センターの宮国さんがあたしに耳打ちをした。

「いつも、義美さんが優勝する。グランドゴルフ以外でもね。負けず嫌いさね」

　第二位が発表される。今度は、センター長の松川さんだった。作業所のメンバーさんたちではなく、関係者が上位を独占している様子にあたしは感心していると、松川さんは宮古島の聖子ちゃんに「何が欲しい？」と聞いた。洗濯洗剤の「アタック」が欲しいという答えを受けて、松川さんは作業所の所長からそれを受け取っている。そして、松川さんはそのまま宮古島の聖子ちゃんに笑顔でわたした。

「また〜！　参加してないのに〜。いつも、『やらなければ、もらえないさ』って言ってるのに、松川さんはああやってすぐにあげちゃうさね」

と、デイケアの宮国さんがあたしに耳打ちをした。労力をかけずに欲しいものを手にして、愛嬌たっぷりに宮古島の聖子ちゃんは笑っていた。

このほか参加者全員に台所洗剤、ホッカイロ、ティッシュペーパー、そして「やすらぎ」で育てられたチンゲン菜、ブロッコリーの苗木などの商品が手渡されたあと、ヤギ汁を食べることになった。以前、内地で食べたヤギ汁の強烈な匂いを知っていたあたしは、振る舞われてもそれが食べられるかどうかが心配だった。

「おいで」

先ほどのグランドゴルフであたしをエスコートしてくれていたメンバーさんが、あたしの手をとった。あたしのためにヤギ汁を取りに行きたいらしい。あたしの手を引いて先に進んでいくその自然さと、手を握られたことに驚いたあたしは、「出会ったばかりで手をつなぐなんて。……まだ早すぎるわ」と声には出さなかったが、妙な色気は出しつつ、つながれたメンバーさんの手のなかでこぶしをつくってその手からのがれ、先を歩くメンバーの背中を押した。

「邪魔だから、向こうへ行ってて」

台所で盛りつけに忙しい職員に、メンバーさんは建物の外へと追い立てられた。あたしはそのメンバーさんのあとをついていかずに台所に残り、そこにいたサキちゃんとともにヨモギをちぎり、盛りつけを手伝うことにした。盛りつけを終えて建物の外へ出ると、そのメンバーさんがあたしに近づいてきた。メンバーさんは、男が別れのときに必ず見せる表情で、

「出会えてよかった。うしろ髪を、夢でも見てた」

と、その日に初めて出会ったあたしを見つめて情熱的にそう言った。フラれたように哀しげに目を伏せて、メンバーさんはその場を立ち去った。あたしはあっけにとられたままその場に立っていた。

こちらでは、ヤギを「ぴんざ」と言う。この日のためにわざわざ一番若いヤギをつぶしてつくったという汁に沖縄のそばが入った「ぴんざぬそば(6)」を口にかき込みながら、あたしはとり残された気分になる。……出会ったばかりでお別れだなんて。っていうか、あれは恋だったの？　メンバーさんがそれをあきらめるスピードに、あたしは

（6）「ぴんざ」は「ヤギ」、「ぬ」は「の」なので、「ヤギ（汁）のそば」のこと。作業所「やすらぎ」のヤギ小屋には、「ぴんざぬやぁー」という看板がかけられています。「やぁー」は「家」のこと。

18. うし　→　ウス
19. うま　→　ヌーマ
20. 犬　　→　イン
21. ねこ　→　マユ　（沖）マャー
22. 魚　　→　ヴ（ウ）ズゥ　＊久米島はイユ

（10分休憩）

午後２時55分〜午後３時30分

〔↓後半は、心情などを表す言葉を話題にしている？（〔　〕内筆者）

1．プリドゥーウー　→　バカになっている、ほれてる、おかしくなっている
　＊「プリてる」→　バカになっている。　例えば、「私はあなたにプリドゥーウー」
2．海の水　→　（西）イニの水（川）（久）うぷす水
3．引き分け　→　こげ　（久）こげ→ナンチチ
　＊すもうで引き分けになったとき、「なんつぎ」と言う
4．ズィミッー　→　最高・かっこいい・一番
5．カサマシー（西）カサマス（沖）かしまし
→わじわじー・しゃくにさわる・うるさい・心、気持ちが落ちつかない
6．ナンギサー　→　自分から苦労をしょって、ナンギ（苦労）する人
7．フユマヤー　→　怠け者（宮）フユー

3）「農業一枚」のダジャレ

伊良部のおとうが、ひららの映画館で映画を見ようとして、入り方をわからんもんだから、近くにいた学生が「学生１枚！」と言ったら、近くにいた伊良部のおとうは「農業１枚！」と言ったそうだ。

4）終わりのあいさつ

※　（沖）は沖縄本島、（西）は西辺、（久）は久松、（佐）は佐良浜、（川）は川添に居住する講座参加者のこと。方言講座は、初めてセンターのメンバーさんが中心となり、サキちゃんのサポートにより企画されました。講座は終始和やかだったそうで、サキちゃんの講座後のあたしへの報告メールは超興奮状態でした★

方言講座

第１回　方言講座「ぷからす会」　開催内容（参加者13名）

日程：2006年４月12日（水）　午後２時～午後３時30分
場所：地域生活支援センターひらら
司会：地域生活支援センターひららのメンバーＫさん

【プログラム】
午後２時～２時45分

1）はじめのあいさつ（メンバーＫさん）

2）単語の方言①

宮子方言（雑談しながら）〔↓前半は、よく使う言葉を方言にしている（〔　〕内筆者）

1．ありがとう　→　たんでぃがーたんでぃ
　（沖）にふぇーでーびる（佐）目上の人には、「ンメラマッチ」
2．いらっしゃいませ　→　んみゃーち　（沖）めんそーれ
3．大きい
　（久）ダイバン　ウプーウプー　（佐）(西）カバァー（沖）マギー
4．小さい　→　イ（ン）ミチャマガー　（沖）グマー
5．男　→　ビキドゥン　（沖）イキガ　＊ズィミッビキドゥン
6．女　→　ミドゥン　（沖）ウナグ　＊アパラギミドゥン
7．美人　→　アパラギ　（沖）チュラカーギー
8．ブス　→　ンズギ　（沖）ヤナカーギー
9．みにくい　→　ミーチャギー
10．子供　→　フファ　（沖）ワラバー
11．顔　→　ミパナ　（沖）チラ
　＊ミパナは、顔全体。「目と鼻だと思っていた」と驚くメンバー
12．うれしい・きもちいい・楽しい　→　ぷからす
　＊どんな時使う？→　高校合格した時とかに、「ぷからすー」とか言う
13．昔　→　ンキャーン　（佐）チャーヌムヌ
14．今　→　ンナマ
15．キビ　→　ブゥーキ　（川）ブーグゥ（沖）ウーシ
16．草　→　フサ
17．ヤギ　→　ピンザ　（佐）ヒンジャ（沖）ヒージャー

〔↓この辺りから言い換えが少ない所を見ると、集中力が切れてきている？（〔　〕内筆者）

速(はや)ッ！

と思った。

あたしが知っていたヤギ汁と同じ材料でできているとは到底思えないほど、まったく匂いも気にならず、あたしはぴんざぬそばをすべて美味しく食べ終えた。そんなあたしの隣で、宮古島の聖子ちゃんはそれを食べ残している。宮古島の聖子ちゃんはヤギが嫌いらしく、そばを一口だけ口に含むと、「うえ゙〜っ」と言って、テーブルに食べ残したそばを置いたままその場からいなくなろうとした。それを見つけたデイケアの宮国さんが、「食べないんだったら、自分で捨てにいくべき」と声をかけた。しぶしぶ宮古島の聖子ちゃんは皿を持って作業所の建物のなかにあるゴミ箱のほうへと近づいていった。建物に入る直前、もち前の愛嬌スマイルでそこにいた別の職員さんに皿を手渡した。職員さんは受け取った皿を、それをするのが当然とばかりにゴミ箱へと捨てに行った。「あ〜あ……」というデイケアの宮国さんの声もむなしく、宮古島の聖子ちゃんはあっという間に建物から離れて、片づけをすることから逃亡していった。

作業所「やすらぎ」のぴんざたち。あたしは、この仲間を食べました。

しばらくしてから、宮古島の聖子ちゃんは何事もなかったかのようにあたしがいたところに戻ってきた。何もすることがなく、退屈した様子の宮古島の聖子ちゃんは「やすらぎ」の所長さんに近づき、またまたその愛嬌スマイルで話しかけた。

「ねぇ、おっちゃん。方言、おしえてぇ～」

四〇歳を過ぎても小さな子どものようにせがむ宮古島の聖子ちゃんに、デイケアの宮国さんだけでなく、そこに居合わせた精神保健福祉関係者の表情とその場の空気が一瞬で凍った。「おっちゃん」と呼ばれた作業所の所長さんは、口をぽかんと開けたまま言葉を失っていた。

そんななか、宮古島の聖子ちゃんだけはもち前の愛嬌スマイルで元気いっぱいに笑っていた。

4　生活のサイズに合わせて
――大掃除、『超特急』、そしてちょっとの間のお別れ

一二月二八日。いよいよ宮古でのPSW実習研究最終日となった。その日は、センターの大掃除。時間になると、三々五々、メンバーさんたちが集まってきた。

「『SSTで何がしたい?』って聞いたら、『大掃除。センターの周りの草むしり』って自分から言ってくれたんだよ」とサキちゃんはうれしそうに、あたしに言った。それは、職親さんのところで農業を手伝っているメンバーさんだった。そのメンバーさんと連れだって、作業所「若葉」で木工をしていたほかのメンバーさんもセンターにやって来た。

棚原さんとともに、あたしもセンターの窓掃除のお手伝いをする。掃除をしないままでそのままにしておくと、潮風でさび付いてしまうという窓のアルミサッシを、ホースの水で勢いよく洗い流す。クリスマスイブにドイツ村で開催された花火大会に行ってきたカップルも、二人仲良くセンターの車の掃除をしていた。

お昼になって、掃除が一段落したところで、昼食のサンドイッチがメンバーさんたちに配られた。鍋の開始時間は午後三時。メンバーさんたちがみんなで鍋を食べればまた汚くなるからと、部屋の床の掃除は後回しになった。

「さやか、ダイヤすき〜?」

その日は一番早くセンターにやって来て、サキちゃんといっしょに冷蔵庫の掃除をし終えた宮古島の聖子ちゃんがあたしに話しかけてきた。

「さやか。あした、かえるの〜? なんじに、かえるの〜?」

と聞いてきていた宮古島の聖子ちゃんは、「さやかにあげたいさ〜」と言って、腕にしていたイミテーション・ダイヤのブレスレットをはずそうとした。やはり島の外からきたあたしをもてなしたいという思いが強いあたりが、さすが「宮古島」の聖子ちゃん。何やら自分が持っているものであたしを喜ばせたい。あるいは、「すき〜」と言ってくれるあたしに、何かあたしが「好き」という自分のものをプレゼントしたいようだ。彼女が本当は何を考えてどうしたくて、「さやかに、あげたいさ〜」と言ってくれたのかはわからなかったけれど、あたしは宮古島の聖子ちゃんが「あたしのために何かをしたい」という気持ちをセンターでできる活動につなげたいと思った。あたしは、「宮古島の聖子ちゃんのためにサキちゃんが準備していたお正月のぬり絵をしてもらいたい」と思って、絵の話をふってみることにした。

「ブレスレットはいらなぁい。その代わり、ぬり絵をして欲しいなぁ。サキちゃんがあたしに見せてくれた『クレヨンしんちゃん』(臼井儀人作)の絵、とっても上手だったよ。あたしも、しんちゃんの絵を書いてほしいなぁ」

するとは、

「めんどーだから、かくのはいや

Column　生活技能訓練（SST:social skills training）

ＳＳＴとは、被援助者の認知と行動に働きかけ、さまざまな状況に効果的に対処できるようにする認知行動療法の技法を用いて、障害者やその周囲の人々の技能開発を行うリハビリテーション技術をいう。例えば、作業所「若葉」にて山城早紀氏（ＰＳＷ）が2005年12月５日に行ったＳＳＴでは、「作業所メンバーの実家にて７回忌の準備をする。メンバーの姉が『当日の朝に買い物に行くために、本人をアパートに迎えに行くから待って』いるようにと言うが、『姉の車で自分が実家に行くと自分が帰れなくなってしまうから、自分の車で行きたい』と前もって電話で姉に伝えるために、どのように言えばよいのか」というテーマのもと、実施された。

〜。でも、ぬり絵をする〜」

と、宮古島の聖子ちゃんは答えた。そこですかさず、サキちゃんはお正月のぬり絵をさし出した。

「これ塗ってぇ。センターに飾るさぁ」

サキちゃんの言葉に、それはしたくないという顔をして、「えー」と宮古島の聖子ちゃんは言った。にっこり笑って宮古島の聖子ちゃんの本名を呼びながら、あたしはさらにぬり絵をしてもらえるように声をかけてみた。

「昨日から、サキちゃんが準備していたんだよ。とっても上手にていねいに、ぬり絵ができるからって。サキちゃんは、塗ってくれた絵をセンターのお正月のために飾りたいんだって。あたしも塗ってくれた絵が見たいなぁ。やってくれたら、あたしはとってもうれしいなぁ」

その言葉を聞くと、宮古島の聖子ちゃんはサキちゃんからぬり絵を受け取って、事務室のサキちゃんの椅子に座って色を塗りはじめた。あたしが座る隣の机の上に置かれた、あたしが愛飲している「桃」色の箱に入ったメンソールタバコを見つけた宮古島の聖子ちゃんは、

「さやか〜。ぴんく、すき〜?」

センターの周りの草刈りをするメンバーさん。とても丁寧な仕事ぶりです。

と聞いてきた。「好きだよぉ」と答えると、宮古島の聖子ちゃんはにっこり笑って、

「あたしも、ぴんく、すき～。じゃあ、ぴんくでぬろう～」

とぬり絵をつづけた。

完成したお正月の絵を受け取ったサキちゃんは、その絵に宮古島の聖子ちゃんの本名とその日の日付を書き込んだ。宮古島の聖子ちゃんが「やったんだということがわかるようにね」とサキちゃんが言うと、宮古島の聖子ちゃんはうれしそうに笑った。三人でお正月のぬり絵を飾り終えると、今度はあたしにあげるための絵のぬり絵をすると言う。サキちゃんの机に飾ってあった『クレヨンしんちゃん』の絵をコピーさせてもらって、サキちゃんから宮古島の聖子ちゃんに手渡してもらった。

「さやか～。ぬり絵をするから、あとでせいこのからおけ、うたって～」

「いいよぉ。あたしもお礼がしたいしねぇ。何の曲がいい～？」

宮古島の聖子ちゃんに、あたしはにっこり笑ってたずねた。

「あかい、すいーとぴーがいい～」

「いいよぉ」と答えると、宮古島の聖子ちゃんはぬり絵をつづけた。塗り終えたその絵に日付を書き込み、自分の名前と「さやかへ」と書いてくれた。

「わぁ★！　ありがとう！　とっても、うれしいよぉ！」

あたしのお礼の言葉を聞いて、うれしそうに宮古島の聖子ちゃんは笑った。鍋の時間まであと

一時間。まだ塗れるという顔をする宮古島の聖子ちゃんに、あたしのメモ帖の表紙に貼った『ふたりはプリキュア』のキャラクターである「シャイニールミナス」のシールを拡大コピーして渡してみたところ、それをあたしが好きなのかを何度も確認した。そして、「おなか、すいた～。べんとう食べたら、つづきをする～ぅ」と言った。

お弁当を食べたあと、宮古島の聖子ちゃんが事務所に戻ってきた。サキちゃんの机にあったほとんどすべての色鉛筆を使ってぬり絵をしていた宮古島の聖子ちゃんだったが、水色や青の色鉛筆だけは絶対に使おうとしなかった。

「みずいろも、あおもきらい～」

そう言う宮古島の聖子ちゃんに、あたしは「どうして？」と聞いてみた。隣では、宮古

宮古島の聖子ちゃんのぬり絵。塗っている色はもちろん「ぴんく」です。

島の聖子ちゃんをサキちゃんがじっと見つめている。

「おかあさんが、うみでしんだ〜。しんだあと、よっかかんもくすりのませた〜。ひどいははおやだ〜」

夏のＰＳＷ実習研究のとき、宮古島の聖子ちゃんは何度もサキちゃんがもつセンターの携帯に電話をしてきていた。そのときは、お盆の真っただ中だった。

「お母さんが、お盆に亡くなったんだよね。そのとき、ちょうど急性期と重なって入院したからね、本人は大変な思いをしたみたい。だから、お盆のときには必ず調子を崩すんだ」

サキちゃんとの電話相談で、何とかお盆を乗り切ってきていたことを知っていたあたしは、宮古島の聖子ちゃんの横顔を見つめてその言葉にじっと耳を傾けていた。気持ちを伝えられるようにと、あたしは面接技術のビデオで見た相談員役の俳優さんの表情を意識していた。

そのとき宮古島の聖子ちゃんはもうすぐ塗り終える絵を見つめて、「やがて、おわるど〜」と宮古島の聖子ちゃんは言った。

三時。注文していた鍋の材料が届き、メンバーさんたちがセンターの卓上コンロで鍋をつくりはじめた。大掃除をしたメンバーさんたちのほかに、鍋を食べるためだけにセンターに集まってきたメンバーさんたちが席についている。そんななか、一番真面目に大掃除に取り組んでいたメンバーさんは鍋を囲まないで、外の喫煙所に出ていった。でき上がった鍋を小皿に取り分けて、外に持っていくサキちゃん。しばらくすると、沈んだ顔をしてサキちゃんが戻ってきた。

「掃除をしなかったメンバーさんが食べている鍋を、自分も食べるのがイヤなんだって。持っていった小皿の中身も、喫煙所にいた掃除をしなかったメンバーさんが食べるようにって渡してしまったよ」

とサキちゃんは言った。

鍋を食べ終えると、メンバーたちがカラオケの前に集まってきた。棚原さんが、メンバーたちに棘のある口調で声をかける。

「とりあえず、くつろいでください」

四月から施行される障害者自立支援法のために、「今後はただの居場所としての利用ではなく、センターの活動のためにメンバーがセンターを利用していかなければならない」、とセンターの職員が会議で話していたことがあたしの頭をよぎった。棚原さんの声を聞いて、宮古島の聖子ちゃんがあたしに話しかけてくる。

「さやか。せいこ、うたって～。さっき、やくそくしたさぁ」

カラオケのリモコンの操作の仕方がわからなかったので、二枚目メンバーさんに『赤いスイートピー』を入力してもらえるように頼んだ。あたしが歌っているのを、うれしそうに目を細めて

鍋を盛りつける二枚目メンバーさん。最高の笑顔です。

聞いている宮古島の聖子ちゃん。歌い終わると、得点が表示された。八八点。……残念ながら九〇点は出なかった。

そのあと、宮古島の聖子ちゃんが自分で歌う曲をリモコンで入力した。曲は、再び『赤いスイートピー』。歌いはじめた宮古島の聖子ちゃんの声を聞き、あたしはびっくり仰天、驚いた。いつもは、「ぇぇ～～。やだ～」とドスがかった低い声で話す宮古島の聖子ちゃんが、高く澄んで甘えた声で歌っている。「I WILL FOLLOW YOU～♪」と歌いはしても、決してその彼についていかず、おそらくその彼を振り回してばかりいるだろうという宮古島の聖子ちゃんの歌声を聞いたあたしは、「確かに、聖子ちゃんだわ」と感心した。その宮古島の聖子ちゃんの目の前に立ちはだかり、

「いつも、その声で話せばいいのに」

とサキちゃんはいたずらっぽく笑って、ぱっと立ち去った。宮古島の聖子ちゃんはサキちゃんを目で追いながら、ニヤニヤと笑っていた。

宮古島の聖子ちゃんの歌が終わった。気になる採点結果は八九点。あたしの得点よりも一点多く出たが、やはりその得点は九〇点を超えなかった。けれど、宮古島の聖子ちゃんの歌で、あたしの「心の岸辺」には確かに「赤いスイートピー」の花が咲いた。

カラオケスペースのソファに、二枚目メンバーさんが座っていた。そのメンバーさんの名前を呼んで、あたしは、「ねぇ。ギターで『ゆず』の歌、歌ってよ」と言った。前にサキちゃんから、

二枚目メンバーさんがサキちゃんと同じく「ゆず」好きの「ゆずっ子」であることを聞いていたからだった。二枚目メンバーさんは、

「ゆずは歌わない。けど、違う歌を歌うさ」

と、ヤイコの『Over The Distance』（矢井田瞳作詞作曲、二〇〇一年）の弾き語りをしはじめた。宮古島からずっと遠く離れたナゴヤにもうすぐ帰らなければならないあたしへのはなむけのように、その歌はセンター中に鳴り響いた。「カッコイイ～～★★★！」と騒ぐあたしに、二枚目メンバーさんはうれしそうな顔をして歌いつづけた。その様子を隣で見ていた別の男性メンバーが、

「こいつが女を口説こうとするときはいつもギターを弾くさね」

と、あたしに大声で言った。そのメンバーは、夏のＰＳＷ実習のときに、ＴＯＫＩＯの『鉄腕ダッシュ』(5)で宮古島をソーラーカーで訪れた城島くんと山口くんを「アルバイトで警備をした」、と言ったメンバーだった。鍋がはじまる直前にセンターへとやって来たそのメンバーは、センターの喫煙所でタバコを吸うあたしの顔をじっと見て、「誰だっけ？」と言った。夏には「もりしまさん」と、何度もあたしの名前を呼んでいたそのメンバーに、「嶋守だよ。夏に会って、ＴＯＫＩＯを見たっていう話を聞かせてくれたじゃん」と言うと、それを思い出そうとじっと考え込む顔をしたが、思い出せないと言った顔でその場から立ち去った。しかし、しばらくして喫煙所に戻ってきたメンバーは、

「思い出した！　もりしまさんでしょ？　きれいになりすぎていて、わからなかったさぁ」

と言った。「だから、嶋守だってば！」と言うあたしの言葉を聞いて笑ったそのメンバーさんは、

「ねぇ、嶋守さん。聞いてよ」

と、自分の彼女との話をしはじめた。メンバーさんは自分の彼女であるメンバーさんに、三〇〇〇円分の携帯料金が払えるようにとプリペイドカードをプレゼントした。彼女はその三〇〇〇円を、プレゼントした四日後にはすべて使い切ってしまった。いくらなんでも使い切るのが早すぎると、彼女から携帯電話を奪って、その発信歴を確認した。しかし、履歴はすべて消されていた。「使い切ってしまったことはいい。けれど、履歴がすべて消されているのは絶対におかしい。見られたくないからだろう？」と彼女に聞いても、メンバーさんだけにしか「電話はかけていない」と彼女が言ったのだという。

「どう思う？」と聞かれて、あたしは面食らってしまった。どう答えようかと考え込んでいたあたしの暗く曇った表情を見て、メンバーさんは不服そうに、

「そんなに悲しい顔をして、聞かないで」

と言って、怒ったような顔をしながらセンターのなかに入っていってしまった。

（5）日本テレビ『ザ！　鉄腕！　ダッシュ』の二〇〇五年九月四日と一〇月一六日に、ソーラーカーでの宮古島のドライブの模様が放映された。

事務所に戻ると、センター職員がそのメンバーさんの話をうれしそうに聞いている。勤めている警備会社から健康保険証(6)をもらったのだという。三年前のセンターの開所からずっとかかわりつづけて、そのメンバーさんの変化を一番よくわかっている棚原さんは、まるでそのメンバーさんの父親のような顔でそのメンバーさんを見つめ、弾んだ声をあげていた。その棚原さんに、メンバーさんは先ほどあたしに話した彼女との話をもう一度しはじめた。棚原さんは、メンバーさんの彼女の名前を口にしながら明るくこう言った。

「彼女はまだ子どもなんだよ。もうちょっと大人になるまで待ってな」

頼りになる父親からの言葉を聞くように頷きながら、メンバーさんは答えた。

「そうだな。子どもだな。でも、ごはんはつくるさ。何というか、昔のオバーの味だな。見栄えはよくないんだけど、みそ汁があって卵がある。できない、できないと言ってても洗濯もするし、あれやれ、それやれ言うとパニック起こすさねぇ」

メンバーさんの話を受けて、宮国さんもうれしそうに声をかけてきた。

「一つずつ言ったらいいさぁ」

メンバーさんは深くうなずいて、こう言った。

「まったく、進歩がないな」

その言葉を受けて、棚原さんが明るく返答する。

「進歩がないから、付き合ってられんじゃない？　そんなことより、爪切れよ。仕事している人は爪切れよ。足の爪もね」

その言葉にメンバーさんは笑いながら後ずさりをし、事務所から出て鍋を囲んだ。

カラオケをしているそばで、ほかのメンバーさんたちがセンターの床の掃除をしていた。掃除をしなければ、このセンターには自分たちの居場所がないとでも言うように、そのメンバーさんたちはかいがいしく働いていた。

「ここでは、ゆっくり休んで。働きすぎると病気が、病気が……」

と、サキちゃんがそのメンバーさんの一人に声をかけた。そのメンバーからモップを受け取り、あたしが掃除をバトンタッチした。

掃除を終えると、その晩に開かれる忘年会へ行くために、サキちゃんと鍋を食べることを拒否したメンバーさんとともに棚原さんの車に乗り込んだ。棚原さんが自宅へ車を置きに行っているあいだ、サキちゃんは居酒屋でメンバーさんのために「紫イモポテト」と「島タコの柔らか煮」、そしてあたしが選んだ「ヤギの刺身」と「海ぶどう」を三つの「生中（なまちゅう）」とともに注文した。忘年会の参加者が全員集まって一通り飲んだあと、松川さんは会場を一足早く立ち去ってしまっ

（6）　このメンバーさんはアルバイトから正社員となったので、メンバーさん自身の健康保険証をようやく手にしたのです。一般就労が可能となったことを、この日のセンター職員はみんなとても喜んだのでした。

た。

「二次会はどこへ行こうか?」とメンバーさんが口々に、カラオケに行こうとあたしを誘ってきた。「サキちゃんが行くって言ったらね」とメンバーさんに断って、あたしはサキちゃんを探した。サキちゃんは棚原さんや宮国さんとともに先に会計を済ませて、居酒屋の外であたしを待っていた。

「メンバーとは別の店で、カラオケをしよう」と、平良市のメインストリートから奥まったところにあるカラオケボックスへ棚原さんが案内をした。それは、高級クラブ「デビュー」の隣にあるカラオケボックスだった。センターで宮古島の聖子ちゃんがしきりに、「さやか。でびゅーいこう。ままも、せいこがすきさぁ。さやかをままに、しょうかいしたい」と言っていた店だった。

「ここには、彼氏を連れて来ているらしいよ。高いから彼氏も大変らしくて、お金のことがトラブルの原因になってるみたい」と、サキちゃんが教えてくれた。その隣のカラオケボックスでひとしきり四人がそれぞれに歌うと宮国さんが家に帰り、棚原さんも酔っぱらいながら消えていった。あたしとサキちゃんの二人だけが最後までそのボックスに残っていた。


手前が海ぶどう、その上がヤギの刺し身、写真では真っ黒ですが紫イモポテトを撮影しました。

「どうしますか？　あと、一時間ありますよ」

明日、それぞれの家に向かうための準備がまだすんでいないし、年内最後の業務を終えて二人とも疲れている。顔を見合わせたあたしとサキちゃんは、二人いっしょにニヤリと笑い、「じゃぁ～、このまま歌っちゃえ～～ぇ！」と、それぞれに好きな歌を歌いはじめた。『スイミン不足』（『キテレツ大百科』主題歌、ＣＨＩＣＫＳ作詞作曲[7]）、『アンパンマンのマーチ』（やなせたかし作詩、三木たかし作曲、一九八九年）、『ふたりはプリキュア』、こっこ、モンパチ、ＫｉｎＫｉ　Ｋｉｄｓ。そして、二人で本人映像を見ながらゆずの歌を次々と歌いはじめた。

「ねぇ、サキちゃん。『超特急』（岩沢厚治作詞作曲、二〇〇五年）歌ってよ」

サキちゃんの部屋でキンキッズのＣＤを聴くためにＣＤ／ＭＤプレイヤーのふたを開けると、そこにはゆずの『超特急』のＣＤが入ったままになっていた。二人で布団に横になり、たくさんの話をしながら何度となくサキちゃんの部屋でそのＣＤを聴いていた。

「『あいのり』（フジテレビ系放映のバライティ番組）のテーマソングですよねぇ。でも、まだちゃんと覚えてないんですよぉ」

イントロが流れはじめた。二人で大きな声を揃えていっしょに大絶叫した。

「超特急　かけぬけた　あの日　僕らは～♪♪♪」

（7）「こっこ」は「Cocco」、「モンパチ」は「モンゴル800」のこと。

前奏が終わって曲がはじまる。先ほどの二人での大合唱がウソのように、サキちゃんとあたしは黙り込み、曲だけがどんどん先に進んでいった。

「……だから、まだ覚えてないんですよぉ」

申し訳なさそうに、サキちゃんは「止めていいですかぁ?」と演奏中断ボタンを押した。気を取り直して、二人は別のゆずの曲を次々と歌いはじめた。ゆずっ子のサキちゃんのおかげであたしもゆずが大好きになり、ゆずの歌をずいぶんたくさん歌えるようになっていた。

カラオケを終えて外に出ると雨が降っていた。

「なんだかいつも、カラオケから帰るときには雨が降ってますねぇ」

サキちゃんの家に帰る道すがら、一人の酔っぱらいとすれ違った。

「……らーめんは、どぉこでぇすかぁ～?」

傘もささずに、ずぶ濡れになったその酔っぱらいの小さな声と水色のフリースに見覚えがあったような気はしたが、深夜、女二人の帰り道ということもあって恐怖感が先に立ったあたしは、その酔っぱらいを反射的に避けてしまった。その人に、サキちゃんは大きな声でその名前を呼びかけた。

それは、夏のPSW実習研究のときのピアカウンセリングで、小声がさらに小さくなる独特の抑揚であたしに話しつづけたメンバーさんだった。夏の宮古での最終日に、一一月に開催される精神保健福祉月間のためにそのメンバーさんは、ソフトバレー大会の帰りに立ち寄った「ちゅら海水族館(8)」で見たというマンタの木彫りをつくっていた。マンタの反り具合を手で何度も示しては、繰り返しマンタについてあたしに語りつづけ、彫刻が進むたびに途中まででき上がった木彫りを得意げに見せてくれていた。

冬に再会したそのメンバーさんは、宮古の農業で最盛期を迎えていた葉タバコの収穫のためにセンターにもデイケアにも来ていなかった。棚原さんからの電話で、忘年会にはわざわざ参加をしに来てくれていた。働きすぎなのか、黒くよどんだ顔色と伸びすぎた髪の毛が気になった。忘年会のあと、カラオケに出かけたはずのほかのメンバーさんとどうやらはぐれてしまったらしい。サキちゃんに借りた傘をメンバーにさしかけると、そのときもなお小声でつぶやきつづけていたメンバーさんはあたしに向かって突然、

「山城さんは、先生が来てからすごく変わったさぁ」

と言った。「どこが?」と聞いてみても、やはり小声がさらに小さくなってその先が聞き取れなかった。通りかかったタクシーを止めて、サキちゃんはメンバーさんを乗せた。サキちゃんから三〇〇〇円を受け取った運転手は、メンバーさんの家へとタクシーを発進させた。

(8)「ちゅら海水族館」、沖縄県国頭郡本部町字石川四二四番地　海洋博公園内。第2章の註(5)でも示した、映画『ファンタスティポ』の朝食でのシーンで、ハイジがマンタの反り具合を手で示したときの手つきとメンバーさんのそれとが同じだった。

「怖かったんだよ。だって、酔っぱらいだったんだもん。とっさに、サキちゃんに何かあったらどうしようかと思った。サキちゃんと自分を守らなくちゃ、って思った。そしたら、サキちゃんの声でメンバーさんだったって分かった。逃げちゃった、あたし、あの瞬間。知らなかったとはいえ、逃げてしまった自分がショックだよ」

帰宅して台所でひざを抱えて座り込んだあたしの言葉を、サキちゃんはじっと聞いていた。

「誰なのかがわかったら、とたんにそのメンバーさんが心配になった。心配になったら、メンバーさんが酔っぱらって、雨にずぶ濡れになってるのに気がついた。そんな格好であんな雨のなかを歩いていることにすごく腹が立って、あたし、メンバーさんに説教までしちゃったよ。『そんなに酔っぱらって歩いてて、車に轢かれて死んじゃったらどうするの?』って。メンバーさんは笑ってくれたけど、なんだかメンバーさんに申し訳なくてね。あたしはメンバーさんに逃げちゃった自分の言い訳をしてたんだよね、きっと。……知るということで、こんなに自分の態度が変わるなんてね。あのとき、メンバーさんは『山城さんは、先生が来てからすごく変わった』って言ってたよ」

「ああ。忘年会で、あたしの隣でメンバーさんは師弟愛について熱く語ってましたからねぇ」

サキちゃんが答える。サキちゃんにその内容を教えてもらおうと、「ああ、そうなんだ。で、メンバーは何て言ってたの?」と尋ねた。サキちゃんは首をななめに傾けて考え込む顔をした。メンバーさんの話のつづきが知りたくて、「結局、何て言ってたの?」と、あたしはサキちゃんに尋ねた。すると申し訳なさそうに肩をすくめて、サキちゃん小さな声で答えた。

「結局、わかりませんでしたぁ。だって、声が小さくて聞こえなかったんだもん」

　メンバーさんが話をするときの小声の抑揚を思い出したのと、何だか目の前のサキちゃんが愛おしいのとで、あたしは思わず笑ってしまっていた。

「ねぇ、サキちゃん。サキちゃんはあたしが来てから、何か変わった？」

　サキちゃんは、また首をななめに傾けて考えはじめた。働くサキちゃんではなく、学生のときにいつも向き合っていたときの顔つきで、サキちゃんは言った。

「変わったのかなぁ？　うーん、わぁかりぃま、せぇ〜ん。考えておきまぁす★」

　サキちゃんといっしょに笑ったあたしは、宮古での実習研究についてふりかえりながら話しはじめた。

「あたしは、確実に変わったと思うなぁ。宮古に来て、台所がうまく使えなかったり、コンビニに一人で行けなかったり。ユタに病院で会ったり、そのユタの言葉が特別なこととして扱われないで、そのままメンバーへの支援に活かされるように、センターで会議されているのを見たり。なんだか、いっぱいびっくりした。これまで生活するためにあたしがもっていた知識とか力みたいなものが、まったく役に立たなくて。すべてを奪われた気がしたことで、すべてを一から考え直した。自分が暮らすための『生活のサイズ』みたいなものを探そう、探さなくちゃって思ってたらホームシックになって、家族や仲間、友達、そして学生たちがとても恋しくなった。何度も、夜中にピィの夢で目が覚めてはピィが死んだことをそのたびに思い出して、とってもつらかった。でも、ピィがかけがえがないほど大事だったからこそ、死んだことを認めないというのではなくて、命はきっと消えない。きっとあの世とはつながってる、こちらから忘れてしまって切ってしまわないかぎりって信じられるようになった。

……松川さんの実家でお盆を過ごして、結婚が『家のため』のものだということがすごくよくわかった。家族や先祖とのつながりが濃い宮古だからこそ、あたしの結婚生活を思い出しては吐き気がして、サキちゃんにあたしの結婚生活やそのときに胃潰瘍になったことを聞いてもらった。それで、そのとき無理してやったダイエットが原因で胃潰瘍になったこと、そしてそれが摂食障害だったということも教えてもらった。自分が心を病んでいたことに気づけたおかげで、『心を病む』ということがどんなことなのかがわかったよ」

サキちゃんはあたしの話をじっと聞きつづけてくれていた。

「あたしは宮古に来て、本当によかったと思うよ」

嬉しそうな顔であたしを見つめるサキちゃんを、あたしはまっすぐに見つめ返した。

「メンバーさんたちは、本当にあたしによくしてくれた。今回、宮古に来ても四か月もたっちゃったし、忘れられてるかなぁと思ってたけど、『アダナス』ではメンバーさんが大きな声で『しまもりさぁ～ん』って呼んでくれて。あのとき、うれしくて涙が出そうだった。あのメンバーさんが『若葉』に通って自発的に作業をするようになるまでに、八年もかかったって、所長の橋本さんがあたしに教えてくれた。でも、夏から冬に季節が変わるだけで、こんなにみんながそれぞれに変化をするなんて」

サキちゃんは、じっとあたしの話を聞いている。

「『薬を変える』って言ってるメンバーさん、心配だねぇ。こないだ宮古病院で会ったけど、気づいてもらえなかったよ。相変わらず太ってはいたけど、痩せた？　って思うくらい、顔が真っ白でやつれてたよ」

メンバーの話題になって、ようやくサキちゃんが口を開いた。

「主治医の先生が、だいぶよくなってきてたからって薬を減らしてたんだよね。本人はそれに気がつかなかったみたい。で、こんなふうになっちゃって、ね」

悲しむサキちゃんを励ましたくて、あたしは思ったことを口にしてみた。

「あのメンバーさんはさぁ、内地のドラッグストアで働いてたんだよね、前に会ったとき、二億円稼いだって自慢げに話してたよ。『ほんとに二億円なの？』って聞いたら、確かに二億円だって言ってた。たぶん、違うんじゃないかな。彼の妄想がふくらんで、本当はもっと少ない額だったけど、彼のなかでは二億円になっちゃったんじゃないかなって思ったんだけど、本人はそのときにはそうあたしに言ってた。きっと内地で働いていたことが、彼のなかでの自信とプライドになっている。その大きさが『二億円』っていう言葉になったんじゃないかなって思うんだよ。自分はドラッグストアで働いてた。薬についての知識には自信がある。お医者さんの治療で糖尿病が悪化してしまって、その治療にすっごく苦しんだ。お医者さんを信じきれない。自分の食生活の乱れは棚に上げてね。

よくはわからないけど、メンバーさんには自分なりの思いがあって、自分が飲んでいる薬が何なのかを知らなければ気がすまなかった。だから、薬を薬剤師に調べさせた。ある薬が糖尿病の悪化と関係がないわけじゃないっていう知識が彼にはあった。だから、主治医を変えたいと望み、薬を飲まないことにした。それが、彼なりの『力』だったんじゃないの?」

「でも!」

サキちゃんが声を荒げて、あたしの言葉をさえぎった。

「それがあのメンバーさんの『力』だなんて、あたしは絶対に、そんなのイヤですっ!」

余計なお世話であることを承知で、あたしは声を荒げず、静かにたたみかけるようにサキちゃんの言葉をさえぎった。

「でも、それがメンバーさんの『ありのまま』の姿だし、生活なんじゃないの?」

サキちゃんはさらに声を高くして、あたしに反論した。

「だからといって、薬を飲まなくていいっていうことにはなりません! 本人のわがままに合わせて、本人を周りが守って、甘やかすことが本人のためになるとは思いません! それに、それが『ありのままの生活』だなんて絶対に認めたくなんかない! あたしはただ、メンバーに自分で、自分で気づいて、自分の力で人生を歩いていって欲しいだけなんです!」

「どっちでもいいと、思いますよぉ」

　と、普段はひょうひょうと「何も求めない自由」の中を泳ぐように生きているサキちゃんが、今、あたしの目の前で本気になっている。泣きそうなのか？　と思うほど声がふるえている。

「今日、メンバーさんが健康保険証を見せてくれたとき、本当にうれしかった。メンバーさんは、『三年後に結婚をするから』って自分で社長さんを説得して、正社員になったんです。きび刈りをして、アルバイトで警備もして、ピアカンのときも自分からどんどん仕事を入れていったんです。守られることを自分で切っていくことで、前にどんどん進むことにつながっていったんです」

「ねぇ、サキちゃん」

　一通り大声でサキちゃんが話し終えたところで、あたしはサキちゃんに声をかけた。

「ねぇ、どうしてメンバーさんはみんな結婚をしたがるんだろうね。結婚して、子どもが欲しいって、そのメンバーさんはあたしにずっと言ってたよ」

　静かに考えながら、サキちゃんは言葉を返した。

「結婚して子どもをもてば、一人前に見られるからじゃないですかね。みんなにとって、結婚が自立のための第一歩なんです」

　携帯電話の時計は午前四時を表示している。「もう寝なくちゃ〜！　明日、飛行機に乗って帰らなくちゃいけないんだから、寝坊できないよぉ！」と、あたしとサキちゃんは言いながら、お互いの話をやめることはしなかった。

「ねぇ、サキちゃん。前にさぁ、記録についてどうしたらいいのかってあたしに聞いたじゃんねぇ。本人が自分に話してくれていないのに、関係者から聞いて残したほうがいいっていう情報を、記録に残したほうがいいのかなぁ？　って。本人がその記録を見て、『どうしてそんなことを知ってるんだ？』って怒るだろうなっていう記録を残しておくためには、正規の記録とは別に本人には知られない形で残しておいたほうがいいかなぁって言ってたじゃない？」

「え～～～～っ！　せんせぇ、覚えててくれたんですかぁ？」

サキちゃんはあたしの言葉にさらに大きな声をあげた。そのサキちゃんをまっすぐ見つめながら、あたしは話をつづけた。

「うん。あれからずっと、どうしたらいいのかって考えてたんだよね。もしね、あたしがサキちゃんに支援をしてもらうことになったら、あたしはどう思うかなぁって考えたんだよ。知ってて欲しくない情報をサキちゃんがもし知ってたら、やっぱりさぁ、イヤな気持ちにはなるかなぁって。『誰から聞いたんだよ、あたしからちゃんと話を聞けよ』って思うなぁと思ったんだよね。でもね。その記録を見るときに、サキちゃんがいっしょにいてくれたらいいなって思った。そばにいて、なぜそれが書いてあるのか、なぜそれを記録に残すことが必要だと思ったのかを一つずつ説明してくれたら、納得できると思ったの。だから、記録は一つでいいと思うよ。っていうか、むしろ一つでなければいけないと思う。そばにいて、きちんと話を聴くためにね。それをね、ずっと言わなくちゃって思ってた。ずっと、サキちゃんに言いたかった。でも、考えるのに時間がかかっちゃった。ごめんね、サキちゃん」

あたしの言葉を聞いて、消え入りそうな小声で申し訳なさそうにサキちゃんが口を開いた。

「あたしも、せんせぇにあやまらなくちゃとずっと思ってたことがあります。……せんせぇといっしょに見たゆずのDVDで、ビッグエッグでのライブ(9)なんですけど。……あのとき、せんせぇの精神の演習さぼって観にいっちゃったんです」

あまりにしおらしく言うので、明け方だというのにあたしは大声で笑ってしまった。そのあたしにサキちゃんは必死で弁解をしつづけた。

「だってだって、一日しかそのライブがなかったし、行かなかったら一生後悔するって思ったし、どうしても行きたかったんですっ！　大学の授業はがんばれば挽回できると思ったんです。だから東京ドームに行っちゃいました。せんせぇ、ほんとーにごめんなさい！」

謝りつづけるサキちゃんに、わざと怒ったような顔をしてあたしは言葉を返した。

「心外だわ」

---

(9)『Live Films　ふたりのビッグ（エッグ）ショー～2時間53分 TOKYO DOME 完全ノーカット版』（トイズファクトリー、二〇〇一年）。

「えぇぇぇぇ～～～っ！　せんせぇ～～、ほんとーにごめんなさいぃ～っ」
　あたしの言葉を聞いて、さらに高い声でサキちゃんはあやまりつづけた。あたしは笑いながら、言葉をつづけた。
「ち～が～うぅ～っ！　なんで、もっと早く言わないの。そんなことをずっと気にしてたの？　まぁったくぅ、ほんとーにしょうがないねぇ～★
　ライブに行くことだって、ちゃんとその事情を説明してくれてたら、まぁ、イヤな顔はしたかもしれないけど、挽回するっていうのなら、あたしはやっぱり『行きなさい★』って言ったと思うよ。だって、ＤＶＤ観たら、あたしだって行きたかったって思ったもん。知ってたら、授業を休講にして二人でいっしょに行っちゃったかもしれない。だって、二度とないチャンスだったんだから★
　まぁ、仕事だからそれはできなかったにしてもだよ。ちゃんと話しても、あたしが許さないって思うかもってサキちゃんが思ったことが心外だわ。まったくもぉ～、失礼しちゃう！」
　声を合わせて、二人はいっしょに笑った。もうすぐ、宮古での最後の陽がのぼる。

　――あたしがいなくなっても、宮古ではやはり陽はまたのぼる。

　二時間くらいの睡眠をとったあと、里帰りするサキちゃんといっしょに那覇空港へ向かう飛行機に乗り込んだ。那覇空港に着けば、宮古で二人でいっしょに『超特急』で過ごした時間が終わる。

那覇空港で、乗り換えの飛行機の時間まで一時間ほど余裕があったため、空港の途中まで サキちゃんを見送ろうとすると、

「もうここからは一人でだいじょうぶです、せんせぇ。せんせぇも、これからナゴヤに帰るんですし大変です。ここでいいですよ。あたしはもう、だいじょうぶです」

と、サキちゃんはあたしに言った。

「じゃ」

そこで、あたしとサキちゃんはぎゅっと握手をして別れた。その一時間後、二人で『あいのり』をした飛行機から中部セントレア空港に向かう飛行機に一人で乗り込んで、あたしはナゴヤに帰った。

伊良部島への船が出る港で撮影。残念ながら、これは朝陽ではなく夕陽です。

さぁ、今、これからはじまる。
これから、どうする?

ねぇ、どうしたい?

ドクター・ファンタスティポ★の、サイテーだけどステキすぎる毎日

二〇〇六年一月。大晦日の東京ドームのコンサートで、アリーナの通路脇すぐ横の良席で大親友のたみチャンと光一くんと剛を間近で見ることができたあと。

——やっぱり例年通り、あたしはインフルエンザで寝込んでしまった。

毎年、必ずかかるインフルエンザ。今年は、去年のそれとは違い、四〇度以上の高熱が出ているのにもかかわらず、頭はしっかりと冴えているというまたまた奇妙な症状が出た。

……でもー、やっぱり苦しいしぃ。うーーん。やっぱりサイテー。

寝込んだベッドのなかで、去年にかかったインフルエンザのことを思い出していた。本当に去年は不思議な体験をした。ただ、本だけを読みあさり、社会学理論に耽溺して研究をしていたあたしが、何と沖縄、宮古島！　教え子だったサキちゃんを頼りにしょうがいしゃの皆サマの生活を追いかけることになろうとは、本当に夢にも思わなかった。

宮古島に行ってからというもの、何とも不思議なことばかりがあたしの周りで起きたのだった。東京で宿泊したホテルのエレベーターでＳＰに囲まれたビートたけしの隣に並び、初めて大物芸能人と呼ばれる人を間近で見た。そればかりでなく、ユタを調べようと大学でいつも二人で盛り上がってキンキの話をし、いっしょに歌ってくれる司書さんに本の相互貸借を依頼したら、何と！「禁帯出」のシールが背表紙に貼られたいくつもの本が沖縄からあたしの手元にやって来た。大喜びの雄叫びで感謝の「ありがとう」を何度も口にするあたしに、司書のたなかさんはこう言った。

「いえいえ。先生がついてるんですよ。今の本を書き上げるために、『本の神様』が先生を守ってくれてるんです」

静かに図書館のカウンターに座り、一手に押しつけられた雑務までも誠実にこなす彼女は、何だか本の神様のお遣いに見えた。そんな彼女とキンキの「Ｈ」アルバム(1)の歌をコンサートで聴くことだけを心から楽しみにして話をしていたら、アリーナ通路脇の席で、「ほら、こんなに近くにいるよ♪(2)」と歌う剛の声に「そうよね、そうよね」と涙することになった。東京ディズニー

（1）　ＫｉｎＫｉ Ｋｉｄｓ『Ｈ　ａｌｂｕｍ―Ｈ・Ａ・Ｎ・Ｄ―』（ジャニーズエンタテイメント、二〇〇五年）。

（2）　『ボクの背中には羽がある』（松本隆作詞、織田哲郎作曲、二〇〇一年）。筆者が初めて行った「Ｆ」コンサートで、剛が映画『ファンタスティポ』の撮影のために髪を伸ばし、すぐそばでこの曲を歌ってからというもの、聞けば必ず涙が出るほど一番思い入れの深い作品である。

ランドのエレクトリカルパレードのように飾られた台の上で歌う光チャンは電飾以上に輝いていて、もうそれはそれは言葉にできないほど美しかった。本当は、そのままカウントダウン・コンサートになだれ込み、おそらく今年かぎりしか見られない生の『ファンタスティポ』を聴きたかったけれど、

「クリスマスも宮古で、お正月もいないの？」

と悲しげに言う母の手前、キンキのコンサートが終わった時点でカウントダウンに行くたみチャンと水道橋の駅で別れて、あたしは一人でナゴヤに帰ることにした。

大晦日からお正月にかけてのナゴヤは、深夜一二時を回っても地下鉄が動いている。初詣に向かうカップルたちが、色めきながらナゴヤの栄駅のホームを歩いている。時計を見ると、もうすぐ日付が変わる。地下鉄の車内で、あたしは一人、お正月のカウントダウンを迎えることになった。

去年までのカウントダウン。毎年、テレビの前でジャニーズのアイドルたちといっしょに秒数を数えながら、一月一日になった瞬間、オカメインコのピィを抱きしめて熱いキスを交わしていた。それが、今年はできない。ピィがもうこの世にはいないのだから。悲しみに気づかなくてい

Garden【H】東京・六本木ヒルズ毛利庭園（2005年12月23日）きゃあああぁ――っ★

いように、あたしは地下鉄のなかでただぼーっと過ごすことだけに専念していた。

その瞬間が、やって来た。二〇〇六年、一月一日ジャスト。あたしのくちびるに目には見えない何かが触れた。温かく、固い。そして誰よりもあたしが一番よく知っていて、おそらくあたし以外には絶対に誰も知らない懐かしい感触を、しばらくのあいだずっとくちびるに感じていた。

確かに、それはピィのくちばしだった。ピィが、あたしにキスをしに来た？　途中停車した地下鉄の駅ホームの時計は一二時ちょうどを指していた。


――まったく、不思議なことばかりが起きるナァ。四日ほど高熱で大学を休んだあたしに、それまでに起こった不思議な出来事以上に驚いたことがあたしの身の上に起きた。同じ時期に現任校に赴任した同僚の先生が退職することになった。そして、その後任ポストがあたしの昇格で埋められるという。

まさに、あたしにとっては青天（せーてん）の霹靂（へきれき）。「ウソだぁ〜！」と思っていたら、途端に体調が悪くなった。インフルエンザのせいではなく、前任校でのあたしの「非」昇任問題で経験したストレスに満ちた日々を思い出し、辛かった出来事がまさに目の前をフラッシュバックする。

このまま、きちんと大学に出勤していたらあたしはきっとＰＴＳＤ[3]にやられてしまうよ。「どうしよう？」とあたしは考えた。ただ今、春休み。三月末までは、大学から決済が下りているナゴヤの精神病院での特別研究期間である。あたしの人事のために奔走している人事小委員会の委員長を務めてくださった北原龍二先生(4)や学科長の森本司先生(5)、訪問介護員養成講座の事務をこなすためにいつもアドバイスをいただき、小委員会のメンバーでもある学生部長の斉孝則先生(6)には大変申し訳ないけれど、あたしはこのストレスに耐えられません。……限界なのです、ごめんなさい。あたしは学科長に週に二日と半日、一緒に研究をしている坂田サンが勤める精神病院へとフィールド調査に行くことへの了承を得た。

三月になって、大学の卒業式の日を迎えた。三月の半ばを過ぎているのに、あたしの昇格についての内示はまったく出ないままだった。式を終え、卒業パーティで理事長を取り囲む立食パーティのテーブルで学長に出くわした。

「嶋守くん。講師になることになったから」

酒席での立ち話のように、あたしの昇格決定が告げられた。次の日早々に、あたしは新しい研究室へ荷物の移動をしはじめた。ひと段落すると、サキちゃんからメールが届いていた。そこには、あれほど拒否していたケアマネジメントのための記入用紙がいくつも添付されていた。自分が今後手がけていきたいこと、それらに責任をもって取り組んでいきたいのだということ、その意気込みは記入用紙の書式をひと目見ただけでわかった。

四月から、あたしは一年生のゼミの担任になると学科長から告げられていた。「さて、何をしようかなぁ?」と考えた。一、二年生のゼミは大学祭で模擬店を出すことになっている。「どうせやるのなら、学生のためになるもの、そしてあたしが学生のみんなに伝えたいことを模擬店のテーマにしよう」と考えたあたしは、宮古の精神保健福祉について伝えるために、作業所「若葉」のメンバーさんたちがつくる商品や豊田市でお世話になっている各社会福祉施設利用者による作品を扱う「福祉マーケット★ファンタスティポ」を出そうとひらめいた。

サキちゃんのメールに、あたしの企画内容を書き込んだ。とりあえず、宮古島市の精神保健福祉の啓発パンフレットや宮古島の観光ポスターを送付して欲しいこと、松川さんに企画内容を説明してもらって開催についての内諾を得て欲しいことなどをメールで送信した。

数日後、松川さんの了解と、サキちゃんが宮古島から送った小包が大学に届いた。パンフレッ

（3）外傷後ストレス障害（posttraumatic stress disorder）。突然の衝撃的出来事を経験することによって生じる特徴的な精神障害であり、その特色は明らかな原因の存在が規定されているという点で、ＰＴＳＤの診断のためには災害、戦闘体験、犯罪被害など、強い恐怖感を伴う体験があるということが必要条件となる。

（4）北原龍二先生、桜花学園大学人文学部人間関係学科教授、保健医療社会学専攻。出産経験もないのに、ＮＰＯお産サポートＪＡＰＡＮ主催「地域で産みたい！　産む人にとってよりよい助産システムを考える」（二〇〇六年五月二〇日開催）のシンポジストとして参加した。

（5）森本司先生、桜花学園大学人文学部人間関係学科教授、西洋哲学専攻。ジブリ作品（とくに『となりのトトロ』、『On Your Mark』など）を問題解決思考の発想で分析する講義やゼミを行っている。

（6）斎孝則先生、桜花学園大学人文学部国際文化学科教授、英米文学専攻。映画『ハリー・ポッター』シリーズのなかに見られる欧米文化をテーマとした講義を行っている。本大学にて、訪問介護員二級養成研修講座を立ち上げた先生でもある。

トやポスターのほか、大好物のジーマミ（ピーナッツ）黒糖や沖縄パイン味のお菓子がぎゅうぎゅうに詰められていた。そのなかに、サキちゃんからの手紙があった。去年の夏、あたしの授業を見学するためと少年鑑別所の見学の依頼をしてくださった秋山博之教授へ直接お礼を言うために、サキちゃんは東京を経由してあたしが勤める大学にやって来た。そのときに買ったという便せん六枚にサキちゃん直筆の文字がびっしりと書き込まれた手紙が入っていた。その便せんには、『エースをねらえ』（山本鈴美香作）が完全に意識された、卓球ラケットを握る「さやか」の絵が描かれていた。その「さやかのひっさつわざ」は、便せんのイラストによると「王女サーブ」らしい。

「せんせぇは、なんだかお姫さまですよね」

サキちゃんのアパートでわがままいっぱいのあたしの生き様を語ったときに、サキちゃんがあたしに言った言葉を思い出した。その便せんを手に、あたしだけの研究室で一人、サキちゃんからの手紙を読みはじめた。

前略、いつも大変大変お世話になっております。

いえいえ、こちらこそ大変大変、お世話になりました。

宮古はウジトウシー（キビ刈り）の時期が終わり、雨が降ったり、太陽がちょっとギラギラ晴れたり、夏に向けてのカウントダウンがはじまっています。

「前略」のはずなのに、丁寧に書かれた宮古の季節の移り変わりを知らせるサキちゃんの時候の挨拶に、宮古の風景が鮮やかによみがえってくる。三月だというのに、サキちゃんはすでに日焼けで真っ黒になり、元気に過ごしているようだ。用件を伝える文章が終わったあとでも、サキちゃんの手紙はまだ便せんに五枚も残っている。先をどんどん読み進めることにした。

手紙をかくついでなので、この2年間、私が考えていた事、今考えている事（仕事編）を。
冬に来ていた時は、プチうつ状態だったので短くね☆

「手紙をかくついで」に「短くね☆」ってぜんぜん短くないじゃん！　つっこみを入れながら読み進んでいくと、こんな文章が書かれていた。

初め宮古に来たころは、「私はここで何をしたらいいの？」「ＰＳＷって何するの？」「どうして記録がちゃんと残ってないの？」とまったく何をしたらいいかわからなかったです。

（中略）

特にこれといってケースはあまりなかったので、メンバーさんたちとタバコ吸いながら、話をきく。話をきく。ひたすらききまくる私。どんなに私自身が必死にきいても、頭の中で、妄想を現実に感じているとわかったつもりでも、本当によくわかりませんでした。対応もよくわからなかったし。

（また中略）

安易にケアマネしても、本人の意思にそわなければ本人のためにはならない。ひよっ子にはまだまだムリだーとケアマネを放棄し、ひたすらメンバーさんとタバコを吸いまくっていました。

（またまた中略）

ちょうど先生にメール（ひな人形）した頃には、このままではダメだー、何かしなきゃー、他で働けなくなるよー、メンバーにどうかかわっていけばいいか？　悩んでいる時でした。私のわかりにくいSOS信号を受信してくださって、ありがとうございます。

去年の三月、企画書をつくり、二年目こそはバリバリ働くぞ！　ケアマネをしようと思ったのです。ちょうど岐阜で先生と再会した頃です。

（さらに、長くなるので中略）

メンバーさんに「どんな行事・活動をしてみたい？」とききまくり、考えた企画でしたが、時間がたつうち、こなすほど、「本当にこれでいいの？」「何かおかしい」「何かズレてる」

「でも何が理由か私にはわからない」「みんな私が事務所で仕事している（企画をねって行事する）より、遊んだり、タバコ吸ったりしてる方がよさそうだ・・・」とまたしても業務放棄。優しい松川さんが、これやってという行事・活動だけ企画し、イヤはボツに。先生が宮古から帰った後ごろのこと。一人で「なぜだー！」とジタバタ悩んでいました。二月まで。

そんなに悩んでいたんだね。社会人一年目で、宮古島の二人目のPSWとして勤務しなければならなかったサキちゃんが背負った重圧を想像してみた。想像してはみても、あたしの思いなど決して及ぶはずがない。もうすぐ社会人五年目となるあたしが所属する学科は、確かに問題が心情的にはエベレスト以上に山積している。けれども、あたしには信頼できる同僚の先生方がすぐそばでいっしょに笑い、支えてくれているという救いがある。

先に読み進む。「なぜだー！」と悩んでいたところから、サキちゃんがふみ出した一歩についての話題になる。

三年目はいろいろ手探りで試行錯誤しながら、メンバーさん方主体のセンターをめざしたいと思います。テーマはゆず／『夢の地図』、「あの日描いた夢の地図見つからなくてももっとステキな夢を君と描けばいい～モノクローム な世界にも 色をつけていこー☆」です。

ちっちゃなちっちゃな夢や目標でも。まずはやってみます。ちなみに、どこまで本人主体できるか？　記録はじめたの本人に伝えるべきか？　職員の考えや方針をどこまで共有できるか？　などなど、すでに問題がいっぱい。でも、まずはやってみます。「あせらず、じっくり、ちょっとずつ」☆　今自分にできること、今やろうとしていることを大事に大事にしたいです。

大切なことを突然思い出したかのように、

あっ！

と書かれたあとには、あたしが宮古でサキちゃんに遺してきた質問への回答が書かれていた。

先生の質問は、「私が来て、何か変わった？」でしたね。あの後、何が変わったんだろうか？　変わってる？　といろいろ考えました。先生が宮古にやって来て、いろいろ変わったかも。

まず一つ。生々しすぎで現実から逃避している私を、現実に引き戻してくださいました。リアルじゃない、リアルだと思いたくない世界（現実）をモノクロームからカラーに変えてくれました。少年鑑別所見学や先生だって宮古や大学でジタバタしているのを教えてくれたから。
　二つ目。「権利擁護って？」「本人主体って？」「どうして、さきちゃんは面接をしたいの？」といろいろ考える問いをぶつけてくれたこと。考えるプロセスの大切さを知りました。本当にありがとうございました。
　三つ目。私の話をいっぱい聞いてくれたこと。バーっとあれこれしゃべることで、スッキリしたり、問題点や解決策を考えるようになりました。先生はやっぱり偉大だ！！　私の仕事ってこの話をきくことじゃん！（笑）
　まー、他にもいろいろあると思うけど、まだわかりません。考えておきます。

「考えるプロセスの大切さを知りました」という言葉に、思わず胸と目頭が熱くなった。でも、やっぱりまだわからないのね。でも、それを考えておいてくれるのね。でもその答えは、
　わかってもわからなくても、いいと思うよ★
　映画『ファンタスティポ』のキャッチコピーをふいに思い出す。今できることを、精いっぱいやってみること。今はわからなくても、ずっと「これからどうしたらいいのか」ということを考えつづけてみることが大切なんだ、とあたしは思うよ。そうあたしは心のなかでつぶやくと、や

っとサキちゃんの手紙には締めくくりの言葉が書かれていた（長っ！）。

なんだか、ものすご〜く長い手紙、しかも話とびとびですね。でも、しまもり先生は絶対よんでくださいます。最後まで読んでくださり、ありがとうございます☆

しまもり先生もちょ〜忙しいと思いますが、おカラダにはお気をつけ下さい☆　夏に宮古にいらっしゃるのを楽しみにしてま〜す。何よりも、先生がハッピ〜な本をかいて、学生と向き合いつづけることであろうこともね☆
（笑）　かしこ

そうね、きっとあたしはこれからも学生

池間島につづく長い長い橋。ずっとまっすぐ、宮古へとつながる橋です。

のみんなと向き合いつづけることになる。この本がハッピーな本になっているかどうかは、読む人それぞれだと思うけど。

でもね、サキちゃん。この本は「あの頃」の、あたしたちの気持ち。あたしは、あのとき、確かに「何かが体のなかを駆け抜けていくのを感じた」よ。そして、

あたしたちの『ファンタスティポ』もまた、今からはじまるんだと思うよ★

サキちゃんの手紙を封筒に大切にしまって、宮古島の観光ポスターを研究室前のドアに貼った。よし、準備オッケー★　学生さん、いつでもあたしの研究室にいらっしゃい。『ファンタスティポ』な時間へ、あたしは必ずみんなを連れていくから★

こうして、二〇〇六年四月、あたしは桜花学園大学の専任講師になった。

ドクター・ファンタスティポ★嶋守さやか研究室

これが、脱力★ファンタスティポ系社会学。ハマッてくれたかな?
これで、今日の授業は終わり。また会おうね～!バぁ～イビ～★

――脱力★ファンタスティポと、学生と、みんなをこよなく愛す、
あなたのドクター・ファンタスティポ★嶋守さやか、より

あとがき

ある日の授業でのこと。「社会福祉概論」という科目を学生に教えているときのことだった。

「先生。社会福祉の教科書ってさ、どうしてこんなに難しい言葉ばかり出てくるわけ？」

学生からのこの素朴すぎる疑問が、筆者が本書を執筆した原動力となっている。このとき、筆者は思った。そうだよなぁ。社会福祉や精神保健福祉の教科書は、なぜこんなに難しい言葉ばかりなのだろう?、と。


筆者の院生時代に、とある学会で筆者が発表する内容の最終チェックを指導教員とともに行い、その後の発表で先輩から言われた言葉を、学生からの質問で思い出していた。

「嶋守さんがデュルケム理論で研究しようと思ってることって、端的に言えば『人間愛』でしょ？　もっと、自分の考えようとしていることを人間の発達理論とか社会福祉といったような現実問題に即して、自分の言葉で著せるように研究してみたら？」

そこから筆者は、認知症の高齢者の社会福祉や精神保健福祉の理論の研究を行った。そのなかで筆者がもつようになった思いが、学生の疑問と同じだった。「福祉」の専門用語は難しく、なかなか理解しにくい、と。

その後、専門学校や大学で精神保健福祉論、地域福祉論、高齢者福祉論、障害者福祉論、そして社会福祉概論の教鞭をとりつづけるうちに、「福祉」を説明するために用いなければならない専門用語の難解さに当然のことながら振り回されることもなくなり、「なぜ、難しい言葉ばかり出てくるのか」という素朴な疑問自体を筆者は忘れるようになっていた。そして、専門用語の説明だけでなく、社会福祉や精神保健福祉の現場で行われていることを学生に伝えなければならなくなった。それを伝えるために、筆者はさまざまな文献を読みつづけた。そうするうちに、新たな疑問をもつようになっていた。

なぜ、社会福祉や精神保健福祉の教科書や文献で扱われる事例は、悲惨なうえに壮絶で、暗い場面ばかりが強調されるように解説されるのだろう?、と。

精神保健福祉士として勤務した教え子からのメールをきっかけに、ほとんど思いつきで行った本書の精神保健福祉士実習研究で、筆者にとっては意外な大発見があった。それは、精神障害者（メンバーさん）が筆者といっしょにいると笑うということだった。筆者がメンバーさんといっしょにいるときにすることといえば、メンバーさんの話を聴き、そのときに思ったことを正直に伝えているだけだ。けれども、メンバーさんは筆者といっしょに笑う。そして、そのときに困っていること、苦しんでいることを筆者に話すようになる。そして、そのときどきにそれぞれのメンバーさんがしなければならないことを少しずつつづけるようになる。

精神科の病棟やデイケア、共同作業所や本書に著した沖縄県宮古島市にある精神障害者地域生活支援センター「ひらら」でメンバーさんとの時間を過ごしていると、メンバーさんたちはあたしに会うだけだというのに、「良いことなんて、何もない。でも今日は、さやかちゃんに会えたからとっても良い日かな？」と言ってくれる。そのたびに、筆者は思う。何てステキな言葉や出来事をメンバーさんは筆者に伝えてくれるのだろう！　あなたが生きていてくれるということが、どうしてこんなにうれしいんだろう！、と。

そうした気持ちを表現するための言葉が、筆者にとっての「ファンタスティポ」なのだ。本書で何度も書いたように、筆者はジャニーズ事務所のタレントさんたちやそのタレントさんが世間に向かって発表する作品を心から愛している。ジャニーズ事務所と同じかそれ以上に自分が愛してやまないことを、筆者の言葉で伝えつづけたい。それが本書のタイトルにも著した、筆者が出会った社会福祉や精神保健福祉のサービスを利用するメンバーさんたちとの「ステキすぎる毎日」なのだ。筆者が伝えたいのは、いったい誰に対して？　それはまぎれもなく、筆者の目の前にいる学生のみなさんに！　そしてさらには、社会福祉に興味をもち、「知りたい」と思う人たちに、である。

宮古島で出会った精神障害者地域生活支援センター「ひらら」の所長である松川英文氏が、作業所「若葉」の職員さんに筆者を紹介するときに言ってくださった言葉が、社会福祉や精神保健福祉を「伝えたい」という筆者の思いを後押しする現在の原動力になっている。

「こちらが、嶋守さん。『嶋（島）』を『守る』と書くんだよ。良い名前さね」

筆者は大学教員であるので、メンバーさんたちが過ごしている日常のなかで精神保健福祉機関や施設のスタッフとして直接的にメンバーさんたちを支援することはできない。しかし、松川氏の言葉で気がついた。まずは、筆者の目の前で起きたことを筆者の言葉で伝えよう。事件として扱われる「問題」としてではなく、「せいしんしょうがいしゃの皆サマの、ステキすぎる毎日」を筆者自身の言葉で伝えよう。まさにファンタスティポ！　と思うメンバーさんたちとの時間を大切に表現してみよう。それが、メンバーさんたちが暮らす社会にある精神障害者への偏見や差別を、少しでもなくすことにつながるように。メンバーさんが生活する場所や日常を守るために！

こうした筆者の思いを支えてくださった松川英文氏をはじめとする宮古島の精神保健福祉の現場の皆様、現在もなお筆者の研究を継続させて下さっているK病院のスタッフの皆様、また本書の執筆の機会を与えて下さった株式会社新評論の武市一幸さん、そして山城早紀さん、心から感謝しています。本当にありがとうございました。

二〇〇六年　七月

ドクター・ファンタスティポ★嶋守さやか

お断り

この本に書かれていることは、実際の調査やインタビューにより構成されています。私は決してウソつきではありませんが、この本に出てくる登場人物のプライバシーを守るために、必要な内容については、私のソーゾー（想像・創造）力により事実が加筆修正されています。

著者紹介

ドクター・ファンタスティポ★嶋守さやか

1971年、川崎市生まれ。

桜花学園大学人文学部人間関係学科講師。

2002年、金城学院大学大学院文学研究科社会学専攻博士後期課程修了、社会学博士。専攻は、福祉社会学、家族社会学。

著書は、『社会の実存と存在――汝を傷つけた槍だけが汝の傷を癒す』(柿本昭人氏との共著、世界思想社、1998年)、『社会福祉士・介護福祉士養成テキスト　高齢者福祉論――精選された基本の知識と実践への手引き』(西下彰俊・浅野仁・大和三重編、川島書店、2005年) ほか。

映画『ファンタスティポ』と精神保健福祉を架橋するための福祉社会学研究に爆進する社会学博士。

脱力★ファンタスティポ系　社会学シリーズ

しょうがいしゃ(せいしん)の皆サマの、ステキすぎる毎日　(検印廃止)

2006年9月12日　初版第1刷発行

著者　ドクター・ファンタスティポ★嶋守さやか

発行者　武市一幸

発行所　株式会社 新評論

〒169-0051 東京都新宿区西早稲田3-16-28

電話 03(3202)7391

振替・00160-1-113487

落丁・乱丁はお取り替えします。

定価はカバーに表示してあります。

http://www.shinhyoron.co.jp

印刷　フォレスト

製本　桂川製本

装幀　山田英春

写真　嶋守さやか

Printed in Japan

ISBN4-7948-0708-2　C0036